中小企业股权
与纳税实务问答88例

88 Q&As on SME Equity and Tax Practice

主编 刘永升
副主编 李坤 曹丽丽 张传彬

中国财经出版传媒集团
中国财政经济出版社

图书在版编目（CIP）数据

中小企业股权与纳税实务问答88例/刘永升主编. ——北京：中国财政经济出版社，2022.11
ISBN 978-7-5223-1743-4

Ⅰ.①中… Ⅱ.①刘… Ⅲ.①中小企业—股权管理—问题解答 ②中小企业—企业管理—税收管理—中国—问题解答 Ⅳ.①F276.3-44 ②F812.423-44

中国版本图书馆CIP数据核字（2022）第201275号

责任编辑：陈志伟　　　　　　　责任印制：史大鹏
封面设计：卜建辰　　　　　　　责任校对：张　凡

中小企业股权与纳税实务问答88例
ZHONGXIAO QIYE GUQUAN YU NASHUI SHIWU WENDA 88 LI

中国财政经济出版社 出版

URL：http://www.cfeph.cn
E-mail：cfeph@cfeph.cn

（版权所有　翻印必究）

社址：北京市海淀区阜成路甲28号　邮政编码：100142
营销中心电话：010-88191522
天猫网店：中国财政经济出版社旗舰店
网址：https://zgczjjcbs.tmall.com
北京时捷印刷有限公司印刷　各地新华书店经销
成品尺寸：170mm×240mm　16开　12.5印张　130 000字
2022年11月第1版　2022年11月北京第1次印刷
定价：58.00元
ISBN 978-7-5223-1743-4
（图书出现印装问题，本社负责调换，电话：010-88190548）
本社图书质量投诉电话：010-88190744
打击盗版举报热线：010-88191661　QQ：2242791300

前言
foreword

中小企业的成长与发展过程中，股权是绕不过去的一个话题，创业维艰，守业不易，很多度过创业期进入良性发展期的老板，因不了解"控制权""分红权""家族公司""钱袋子公司""有限合伙企业""股权转让""股权激励"等与股权相关的基本知识与误区，轻则损失钱财，重则导致股东内讧、人才离散、公司破产等严重后果。

为了提高中小企业老板与财务负责人对股权的驾驭能力和掌控能力，本书立足于中小企业常见的股权问题及与之相关的涉税问题，整理了编者们在实务中经手与操作过的真实案例，结合对国家税收政策的研究，编写了这本《中小企业股权与纳税实务问答88例》。

本书结构清晰，内容通俗易懂接地气，收录的均为经典实务案例。通过对案例进行点评分析，并附文件依据，详细介绍了中小企业发展过程中股权及税务方面容易出现的问题及解决建议，具有很强的启迪意义和参考性。

本书既可以作为企业老板、股东或负责人的创业守业股权合理纳税参考指南，更能实现企业"赚钱少缴税，存钱不缴税，花钱用好税"的目的。

由于时间仓促，编者水平有限，疏漏之处在所难免，欢迎广大读者指正，以便修订和补充。

编者

2022年6月

目录
contents

上篇 税务篇

第一章 家族"钱袋子"公司   3

一、自然人持股架构究竟存在什么样的风险?   3
二、家族"钱袋子"公司是什么?又有什么作用?   5
三、家族"钱袋子"公司的股东如何设置?   8
四、家族"钱袋子"公司是设置为有限合伙企业还是有限责任公司更好?   9
五、设立家族"钱袋子"公司有哪些注意事项?   12
六、家族"钱袋子"公司如何对外投资?   14
七、家族"钱袋子"公司需要用钱时可以随时从项目公司分红吗?需要缴税吗?   18
八、家族"钱袋子"公司的留存利润一直不分配有风险吗?   20
九、家族"钱袋子"公司里的钱怎么"拿"出来?   21
十、超出了公司经营范围的业务,不能开具发票吗?   22
十一、老板和老板娘的劳动关系放在家族"钱袋子"公司

　　　　还是子公司？　　　　　　　　　　　　　　　　　　　　23

　　十二、这类家族"钱袋子"公司，国家以后会不会出
　　　　政策限制？　　　　　　　　　　　　　　　　　　　　24

第二章　合伙企业涉税问题　　　　　　　　　　　　　　　　25

　　一、有限合伙企业做生意，合伙人如何缴税？真的是不分
　　　　利润不缴税吗？　　　　　　　　　　　　　　　　　　25

　　二、有限合伙企业取得被投资公司分红，合伙人如何缴税？　29

　　三、有限合伙企业发生合伙人退伙或份额转让，合伙人如何
　　　　缴税？　　　　　　　　　　　　　　　　　　　　　　33

　　四、有限合伙企业转让被投资公司股权，合伙人如何缴税？　36

　　五、合伙企业的自然人合伙人能不能从合伙企业领取工资呢？　38

　　六、申报完合伙人的个人经营所得后，将剩余的利润打到
　　　　合伙人的个人账户，还需要再缴个人所得税吗？　　　　42

第三章　股权转让、利润分配相关涉税问题　　　　　　　　　43

　　一、利润分配　　　　　　　　　　　　　　　　　　　　　43
　　　　（一）股东取得公司分红，该如何纳税？　　　　　　　43
　　　　（二）股东取得分红款，纳税义务发生时间如何确定？　47
　　　　（三）自然人股东从公司借钱长期未还，存在税务风险吗？　49
　　　　（四）如果公司亏损还能向股东分红吗？　　　　　　　51
　　　　（五）股权代持的情况下，取得分红款要缴两遍税吗？　53

　　二、增资、减资　　　　　　　　　　　　　　　　　　　　55
　　　　（一）增资扩股需要缴所得税吗？　　　　　　　　　　55

（二）未分配利润转增实收资本，股东要缴所得税吗？ ... 58

（三）自然人股东减资或者撤资，需要缴纳个人所得税吗？ ... 61

（四）法人股东减资或者撤资，需要缴企业所得税吗？ ... 65

三、股权转让 ... 67

（一）股权转让业务中，究竟谁才是纳税人？ ... 67

（二）自然人股东办理股权转让，都需要缴哪些税？ ... 69

（三）法人股东办理股权转让，都需要缴哪些税？ ... 74

（四）公司有利润的情况下，"直接转让"与"先分红后转让"，
哪种更节税？ ... 77

（五）股东注册资金实缴为0元，股权可以按0元或1元转让吗？ ... 81

（六）父亲将股权转让给孩子，可以低价转让不缴个人所得税吗？ ... 85

（七）公司盈利的话，老板可以将股权平价转让给自己和配偶成立的
公司吗？ ... 87

（八）为何股权转让时还要出具资产评估报告？ ... 90

（九）前期股权转让被税务核定调整过，第二次转让的投资成本
如何计算？ ... 92

（十）个人在股转过程中收取的违约金是否需要申报纳税？ ... 93

（十一）股权转让后老板反悔了，那征收的个人所得税还能退
回来吗？ ... 95

（十二）显名股东将代持的股权转让给隐名股东还需要缴个人所得
税吗？ ... 97

（十三）变更法定代表人需要缴税吗？ ... 99

下篇　股权篇

第四章　公司与股权架构　103

一、什么是公司？　103

（一）企业就是公司吗？　103

（二）一个人成立的公司就叫"个人独资企业"吗？　107

（三）有限公司与股份公司是一回事吗？　109

（四）法人是"人"吗？　113

（五）总分公司、母子公司是一回事吗？　118

（六）注册资本越大越好吗？　120

（七）母公司的注册资本一定大于子公司的注册资本吗？　122

（八）注册资本实缴比认缴好？　123

（九）注册资本认缴期限到了，必须要实缴到位吗？　124

（十）有限公司承担有限责任吗？　125

（十一）有限责任公司的股东仅承担有限责任吗？　127

（十二）一人有限真的是"一人做事一人当"吗？　128

（十三）夫妻持股的公司视为一人有限公司吗？　130

（十四）婚后成立公司，离婚是按比例分割股权吗？　132

（十五）家业传承，与子女成立公司就可以吗？　135

（十六）股权代持有什么风险？　138

二、如何分配股权？　142

（一）与资源方合作一定给股权吗？　142

（二）兼职或顾问人员一定要给股权吗？　143

（三）团队是完全按照出资比例分配股权吗？　　143

（四）公司成立时有公司章程，股东之间就不需要签订投资
　　　协议了吗？　　144

（五）小股东能被公司除名吗？　　148

（六）多个股东如何分配股权？　　150

三、如何保障公司控制权？　　152

（一）大股东就能一手遮天吗？　　152

（二）股东必须按照持股比例行使表决权吗？　　155

（三）拥有51%的股权就什么都能说了算吗？　　157

（四）股东持有90%的股权比例就万无一失了吗？　　158

（五）老板投资公司必须100%持股才能控制公司吗？　　159

（六）如何利用"有限合伙企业"实现"分股不分权"？　　160

（七）普通合伙人（GP）一定承担连带责任吗？　　163

（八）一致行动人是什么东西？　　164

（九）委托投票权和一致行动人是一回事吗？　　166

（十）营业执照与公章需不需要放入保险柜？　　167

（十一）股东只能按照持股比例分红吗？　　169

（十二）股东股权转让必须经过其他股东同意吗？　　170

第五章　股权激励　　172

一、股权激励是万能的吗？　　172

二、给员工股权激励必须给实股吗？　　173

三、创业期就需要做股权激励吗？　　175

四、股权激励是人人都要有的吗？　　175

五、公司拿出多少股权进行激励更合适? 176

六、股权激励方案出来后就立刻给员工股权吗? 176

七、股权激励要白送员工吗? 177

八、都是自己人,员工股权激励需不需要签订协议? 177

九、股权激励必须一次到位吗? 178

十、股权激励必须要在母公司做吗? 179

第六章 股权融资 181

一、公司缺钱就应该做股权融资吗? 181

二、股权融资必须按照A轮、B轮、C轮这样的顺序吗? 182

三、注册资本越大,估值就越高吗? 184

四、公司估值5 000万元,增资扩股释放10%股权,投资人应该出500万元吗? 184

五、股权融资1亿元需要增加注册资本吗? 185

附录:公司章程可以约定的23个事项 186

上篇 税务篇

| 第一章 |

家族"钱袋子"公司

一、自然人持股架构究竟存在什么样的风险?

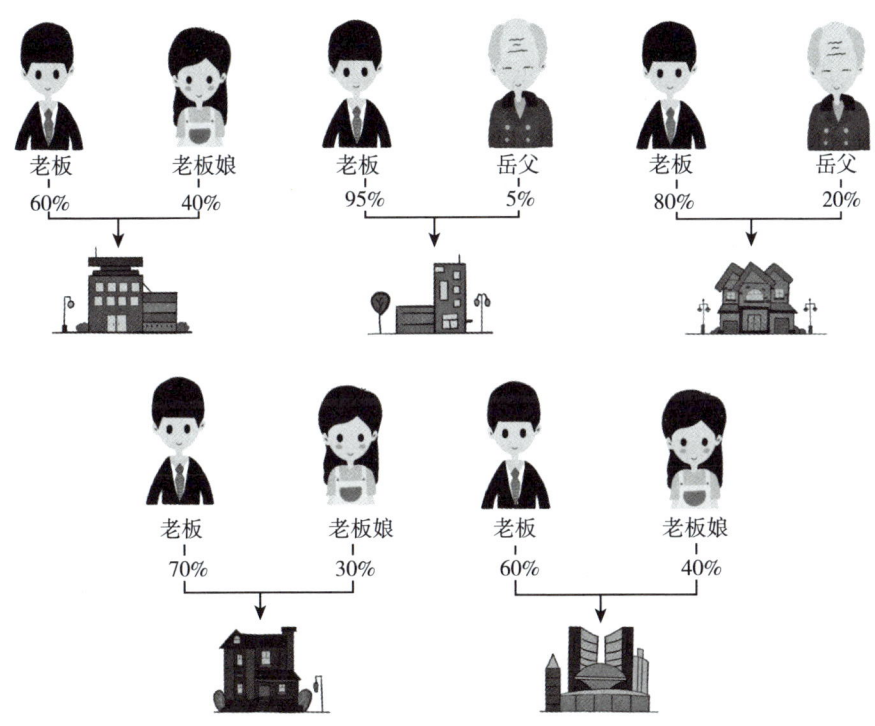

图1-1 自然人持股架构图

看完图1-1的架构设置,相信读者并不陌生,甚至好多老板会说:

"我们家也是这样设置的！"的确如此，创业阶段大多只考虑如何把业务做大，先让自己活下去，如果有需要就成立一家公司，对于股东身份的选择并没有考虑过多，有时候为了规避股东总是夫妻二人的情况，还会把双方的父母拉过来做股东。

等公司发展趋于稳定，想要活得更好的时候，老板也就有了梳理股权架构的需求。很大的原因在于公司赚钱了，现有的架构体系已经无法支撑老板未来的发展战略规划。

那此前的架构设置存在什么样的风险和羁绊呢？

我们一起来分析一下：

首先是自然人直接持股分红税负太高。

我们都知道，自然人股东分红需要按照"利息、股息、红利所得"缴纳20%的个人所得税。老板缺少自己的"钱袋子"公司，就面临进退"两难"的局面。公司产生高额利润，分配的话要缴纳20%的个人所得税，不分配的话，这部分利润只能留存在公司，一旦公司遭遇经营风险，这部分利润也要承担赔偿责任，不利于财富安全。

我们来算笔账：

假如A公司注册资本是1 000万元，账面留存了1 000万元的利润。

如果分配利润的话，老板需要缴纳200万元的个人所得税，分到手里就只剩下800万元了。

如果利润不分配，万一公司遭遇诉讼或违规处罚等情况时，至少要承担2 000万元的赔偿责任。也就是说，这部分留存利润最终花落谁家，还真不一定！

其次是股权代持的风险。

假设老板娘并不是独生子女，由老板的岳父来代持股份就存在一定风险。这种家庭成员间的代持股，往往由于亲情或各种原因仅进行口头约定，这其中风险是非常高的。万一代持人有什么意外情况，这部分代持的股权有可能成为继承人争夺继承财产的标的，产生不必要的麻烦。

最后是现有架构下，新项目投资可能受羁绊。

现有股权架构体系下，如果老板还有其他投资项目想要投资，资金来源是受限的。

我们再来算笔账：

假如老板投资新项目需要1 000万元的资金，分红就要缴纳200万元个人所得税，只剩下800万元资金可供支配。

【总结】

现有的自然人持股架构已经不能支撑老板未来的战略安排，急需搭建集团化架构体系，老板拥有自己的家族"钱袋子"公司，既能实现利润的无税集中，也能保障财富安全，利于各业务板块运作需要，何乐而不为呢！

后文将系统地介绍一下家族"钱袋子"公司！

二、家族"钱袋子"公司是什么？又有什么作用？

所谓家族"钱袋子"公司，其实是在股权架构中，对顶层持股公司的角色及功能定位的一个形象的描述（见图1-2）。

1.角色定位

家族"钱袋子"公司代表的是老板以法人公司的身份来入股其他的投资主体，从而实现个人资产"法人化"。

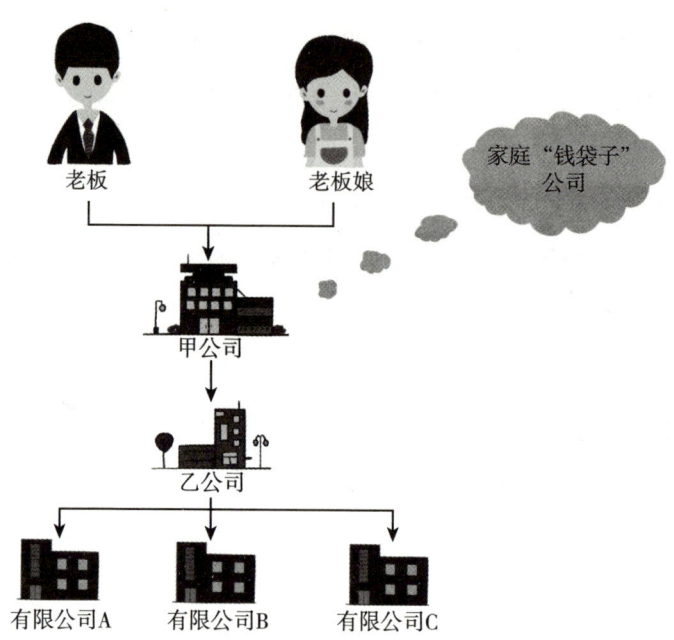

图1-2 家族"钱袋子"公司股权架构图①

2.功能定位

（1）经营风险隔离。

家族"钱袋子"公司作为有限责任公司，其股东（即老板和老板娘）以认缴的注册资本为限来承担有限责任；同样的，以家族"钱袋子"公司作为法人股东对外投资其他的有限责任公司，也是以认缴的注册资本为限来承担有限责任。

（2）税务规划：个人资产法人化，方便节税或者延迟纳税。

以家族"钱袋子"公司作为法人股东入股其他的有限责任公司，这样家族"钱袋子"公司收到的股息红利所得可以免缴企业所得税；而针

---

① 甲公司代表的是家族"钱袋子"公司；乙公司代表的是"防火墙"公司；有限公司A、B、C代表的是业务公司。

对家族"钱袋子"公司留存的利润并没有强制其进行分配的时间规定，从而可以延迟缴纳家族"钱袋子"公司的自然人股东（即老板和老板娘）20%的股息红利个人所得税。

（3）财富安全与传承规划。

如果老板有购置土地、房屋（非住房）等不动产时，可以通过家族"钱袋子"公司来购买，一方面便于资产的购买、持有及未来转让等环节的节税安排及风险隔离，另一方面，方便家族资产的未来传承规划及风险隔离。

【思考】

现有公司已经经营很久，也有利润了，还能成立家族"钱袋子"公司吗？

可以规划成立家族"钱袋子"公司。

如果原公司预期盈利状况良好，建议尽早调整，否则随着公司利润的不断积累，调整的税务成本也会不断增加。

【小贴士】

（1）《中华人民共和国企业所得税法》

第二十六条　企业的下列收入为免税收入：

（二）符合条件的居民企业之间的股息、红利等权益性投资收益。

（2）《中华人民共和国企业所得税法实施条例》

第八十三条　企业所得税法第二十六条第（二）项所称符合

> 条件的居民企业之间的股息、红利等权益性投资收益,是指居民企业直接投资于其他居民企业取得的投资收益。企业所得税法第二十六条第(二)项和第(三)项所称股息、红利等权益性投资收益,不包括连续持有居民企业公开发行并上市流通的股票不足12个月取得的投资收益。

三、家族"钱袋子"公司的股东如何设置?

基于家族"钱袋子"公司的角色定位和功能定位,其股东最好是老板和老板娘两人比较合适。

【思考】

(1)若创始股东不止一个人,如何成立家族"钱袋子"公司?

因为家族"钱袋子"公司是为老板个人(家庭)搭建的,若公司存在多名创始股东,可以考虑为每位股东搭建各自的家族"钱袋子"公司。

(2)可以选择用个人独资企业或者合伙企业来作为家族"钱袋子"公司的股东吗?

不建议用个人独资企业或者合伙企业做家族"钱袋子"公司的股东。

因为家族"钱袋子"公司不需要再隔离风险,也不需要更换股东(自己家庭成员除外)。即使公司分红的话,个人独资企业或者合伙企业也没有节税的功能,其取得的分红款都是按照20%

来缴纳个人所得税。之所以有这样的想法，估计是想通过所谓的"税收洼地"核定征收来"节税"。

友情提示：

税法明确规定，个人独资企业和合伙企业对外投资分回的利息或者股息、红利是不能核定征收的，因此该项设置是无效的，反而可能会带来额外的税收成本和税务风险。

【小贴士】

《国家税务总局关于〈关于个人独资企业和合伙企业投资者征收个人所得税的规定〉执行口径的通知》（国税函〔2001〕84号）

个人独资企业和合伙企业对外投资分回的利息或者股息、红利，不并入企业的收入，而应单独作为投资者个人取得的利息、股息、红利所得，按"利息、股息、红利所得"应税项目计算缴纳个人所得税。

四、家族"钱袋子"公司是设置为有限合伙企业还是有限责任公司更好？

家族"钱袋子"公司最好设置为有限责任公司。

因为从税务角度来说，有限合伙企业并没有利润留存、节税或者延迟纳税的功能，不适合作为家族"钱袋子"公司。

曾经有个老板用有限合伙企业经营业务，自以为利润不分配就不用缴税，结果被"啪啪打脸"，缴了600万元的个人所得税！

【思考】

（1）家族"钱袋子"公司可以用一人有限公司吗（见图1-3）？

可以，但不建议家族"钱袋子"公司用一人有限责任公司。

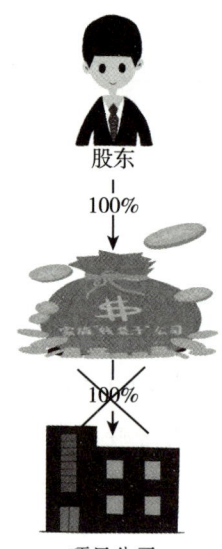

图1-3 一人有限公司持股架构

因为一人有限责任公司不能再投资设立全资子公司，若家族"钱袋子"公司为一人有限公司，那家族"钱袋子"公司就不能再投资设立100%持股的项目公司，会给以后的股权架构设计带来诸多不便之处。

（2）持股平台就是家族"钱袋子"公司吗？

持股平台和家族"钱袋子"公司真不是一回事！

二者是根据企业的功能角色来定位的。一般持股平台是为引入其他投资人或者股权激励时搭建的，而家族"钱袋子"公司是为老板个人（家庭）搭建的，所以通常是不能用同一个企业来承担两个不同的功能，需要通过不同的企业进行组合来实现，这就是股权架构的意义。

【小贴士】

（1）《中华人民共和国公司法》

第五十七条 本法所称一人有限责任公司，是指只有一个自然人股东或者一个法人股东的有限责任公司。

第五十八条 一个自然人只能投资设立一个一人有限责任公司。该一人有限责任公司不能投资设立新的一人有限责任公司。

第六十三条　一人有限责任公司的股东不能证明公司财产独立于股东自己的财产的，应当对公司债务承担连带责任。

（2）《财政部 国家税务总局关于合伙企业合伙人所得税问题的通知》（财税〔2008〕159号）

第二条　合伙企业以每一个合伙人为纳税义务人。合伙企业合伙人是自然人的，缴纳个人所得税；合伙人是法人和其他组织的，缴纳企业所得税。

第三条　合伙企业生产经营所得和其他所得采取"先分后税"的原则。

具体应纳税所得额的计算按照《关于个人独资企业和合伙企业投资者征收个人所得税的规定》（财税〔2000〕91号）及《财政部 国家税务总局关于调整个体工商户个人独资企业和合伙企业个人所得税税前扣除标准有关问题的通知》（财税〔2008〕65号）的有关规定执行[①]。

前款所称生产经营所得和其他所得，包括合伙企业分配给所有合伙人的所得和企业当年留存的所得（利润）。

（3）《财政部 国家税务总局关于印发〈关于个人独资企业和合伙企业投资者征收个人所得税的规定〉的通知》（财税〔2000〕91号）

第三条、第四条规定，合伙企业以每一个合伙人为纳税人。个人独资企业和合伙企业每一纳税年度的收入总额减除成本、费用以及损失后的余额，作为投资者个人的生产经营所得，比照个

---

① 注：财税〔2008〕65号文件自2011年9月1日起，该法规第一条废止，其他条款仍然有效。

人所得税法的"个体工商户的生产经营所得"应税项目，适用5%—35%的五级超额累进税率，计算征收个人所得税。

（4）《国家税务总局关于〈关于个人独资企业和合伙企业投资者征收个人所得税的规定〉执行口径的通知》（国税函〔2001〕84号）

第二条"关于个人独资企业和合伙企业对外投资分回利息、股息、红利的征税问题"规定如下：个人独资企业和合伙企业对外投资分回的利息或者股息、红利，不并入企业的收入，而应单独作为投资者个人取得的利息、股息、红利所得，按"利息、股息、红利所得"应税项目计算缴纳个人所得税。以合伙企业名义对外投资分回利息或者股息、红利的，应按《通知》所附规定的第五条精神确定各个投资者的利息、股息、红利所得，分别按"利息、股息、红利所得"应税项目计算缴纳个人所得税。

五、设立家族"钱袋子"公司有哪些注意事项？

1. 注册地址

家族"钱袋子"公司一般不做实际业务经营，也很少涉及老板的分红，通常不用特别考虑涉税优惠政策，选择老板的常住地注册即可。

2. 注册资本

建议家族"钱袋子"公司的注册资本设置在100万元以内即可，因为通过"钱袋子"公司对外投资时对其本身的注册资本并没有特别限制。

友情提示：

家族"钱袋子"公司对外投资时认缴注册资本不宜过高，若是必须认缴过高的注册资本，建议配置"防火墙"公司，以规避连带责任风险。

3.经营范围

家族"钱袋子"公司一般不做实际业务经营，因此，经营范围的设定也就没有实际意义了，选择最常规的经营范围就可以，比如企业管理咨询、企业营销咨询等。

4.增值税纳税人身份

家族"钱袋子"公司不做实际业务经营，选择增值税小规模纳税人身份即可。

【思考】

家族"钱袋子"公司不做运营，长期零申报，有没有风险？

家族"钱袋子"公司不做实际业务经营，是基于保障财富安全的考虑，按照企业真实情况正常履行申报程序即可，无须过多担心税务风险。没有必要特意安排部分业务来经营，避免画蛇添足，给家族"钱袋子"公司带来其他不必要的经营风险。

【小贴士】

（1）《财政部 税务总局关于统一增值税小规模纳税人标准的通知》（财税〔2018〕33号）

第一条规定，增值税小规模纳税人标准为年应征增值税销售额500万元及以下。

> 年应征增值税销售额，是指连续4个季度（按季申报）或连续12个月（按月申报）的销售额，非公历自然年度。
>
> **（2）增值税小规模纳税人与增值税一般纳税人区别**
>
> 小规模纳税人采用简易征收方式，增值税缴纳方式为：
>
> 销售额×征收率，进项不能抵扣。
>
> 一般纳税人采用一般计税方式，增值税缴纳方式为：
>
> 销项税－进项税，进项可以抵扣。

六、家族"钱袋子"公司如何对外投资？

1.持股比例

实务中，家族"钱袋子"公司就是代表老板来实现对外投资持股，占项目公司的股权比例并没有特别要求，根据投资情况具体安排即可，可以全资，也可以参股（见图1-4）。

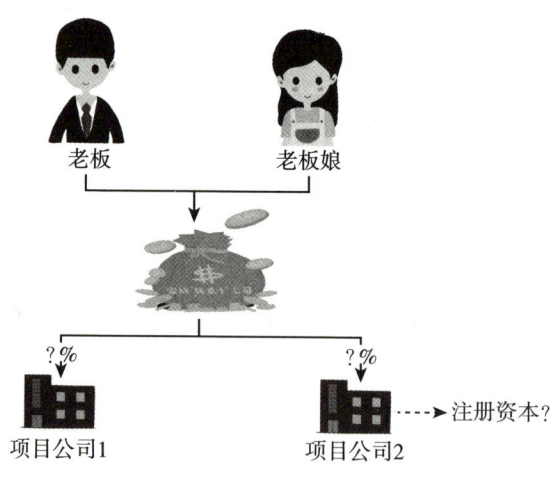

图1-4　家族"钱袋子"公司对外投资示意图

如果项目公司预计可持续产生收益，持有项目公司的目的是取得分红款，建议通过家族"钱袋子"公司来投资，控股或参股，操作比较灵活，家族"钱袋子"公司收到股息红利所得可以免缴企业所得税。

如果持有项目公司的目的是考虑溢价增值后进行转让，则需结合投资目的、后期转让形式等来综合考虑投资主体的选择。

2.投资金额

项目公司的注册资本与家族"钱袋子"公司的注册资本并没有直接关系，也不受家族"钱袋子"公司注册资本多少的限制，根据其经营需要来设置即可。若项目公司的注册资本有设置要求且数额比较大的话，建议配置"防火墙"公司，以规避连带责任风险。

【思考】

（1）家族"钱袋子"公司可以百分百持股项目公司吗？

若家族"钱袋子"公司不是一人有限责任公司的话，是可以百分百持股项目公司的，也就是可以成立全资子公司。

（2）项目公司的股东最好只有家族"钱袋子"公司一个股东，还是也可以设置两个股东？

项目公司的股东与普通公司并没有区别，可以只有家族"钱袋子"公司一个股东，也可以设置多个股东，根据投资需要来设计就可以。

友情提示：

无须因只有家族"钱袋子"公司这一个股东，而担心被视同为"一人公司"承担无限连带责任，因为家族"钱袋子"公司不需要直接对外经营，全部财产都是股东投入和股权投资收益，财产独立且清晰，所以不存在连带责任风险。

（3）家族"钱袋子"公司投资的项目公司，为规避风险，认缴注册资本小，但公司运营需要大量资金，该怎么解决？

项目公司的营运资金需求可以通过向家族"钱袋子"公司借款或者老板个人借款的方式来解决，等后期项目公司营运资金充足时再归还借款即可。

（4）家族"钱袋子"公司下面还需要设立"防火墙"公司吗？

"防火墙"公司的设立是根据被投资公司的风险来灵活选择的，不是必须设置的，若是被投资公司有注册资本的要求，且认缴的注册资本比较大的话，建议考虑设立"防火墙"公司。

（5）家族"钱袋子"公司可以投资拟上市公司吗？

一般不考虑用家族"钱袋子"公司来投资拟上市公司。

因为其将来的收益主要是公司上市之后的股票变现：

若是选择家族"钱袋子"公司作为投资主体，不管是直接持股还是通过有限合伙企业等持股平台持股，收益变现时都需要缴纳企业所得税（企业所得税税率一般为25%），假设再分配给老板个人的话还要再缴纳20%的个人所得税，综合税负可达到40%。

假设收益为1 000万元，公司层面先要缴纳250（1 000×25%）万元的企业所得税，剩余的750（1 000-250）万元分配给老板个人，还需缴纳150（750×20%）万元的个人所得税。

综合计算，缴纳的税费=250+150=400万元。

综合税负=400÷1 000×100%=40%

若是选择老板个人直接持股，将来变现只需要缴纳20%的个人所得税。

假设收益为1 000万元，老板个人只需要缴纳200（1 000×20%）万元的个人所得税。

通过以上对比，针对拟上市公司，采用个人持股方式节税效果更优。

（6）用家族"钱袋子"公司来投资经营性公司，两者的关系只能是母子公司吗？

经营公司可以是家族"钱袋子"公司的子公司（直接持股），也可以是孙公司（间接持股），具体关系需要根据经营公司的业务性质、规模、商业模式以及经营风险等各方面因素来综合考虑。这没有固定的模式，需要根据不同需求构建相对合适的企业组合。

（7）设置家族"钱袋子"公司、"防火墙"公司和主体运营公司，这样有什么好处？有什么弊端？

优势：

家族"钱袋子"公司、"防火墙"公司和主体运营公司各自扮演不同的角色，经营收益可以无税集中到家族"钱袋子"公司，"防火墙"公司可以隔离经营收益与经营风险。如果未来公司有上市打算，还可以通过"防火墙"公司打包上市，主体运营公司负责业务开展即可。

弊端：

多层公司架构，经营者需要具备一定的股权思维，或者借助专业机构辅助管理，扬利避害，动态维护，发挥股权架构的长处；若使用不当，可能会带来更大的风险。

（8）用盈利的公司直接投资新公司和用家族"钱袋子"公司来投资有什么区别？

盈利的公司，或者说正常经营的公司并不适合做家族"钱袋子"公司，因为项目公司在做业务过程中难免会出现经营风险，一旦遭遇诉讼、未偿还债务等经营风险，有可能会连带影响下层新项目公司的运营，得不偿失。

【小贴士】

（1）《中华人民共和国企业所得税法》

第二十六条　企业的下列收入为免税收入：

（二）符合条件的居民企业之间的股息、红利等权益性投资收益。

（2）《中华人民共和国公司法》

第五十七条　本法所称一人有限责任公司，是指只有一个自然人股东或者一个法人股东的有限责任公司。

第五十八条　一个自然人只能投资设立一个一人有限责任公司。该一人有限责任公司不能投资设立新的一人有限责任公司。

第六十三条　一人有限责任公司的股东不能证明公司财产独立于股东自己的财产的，应当对公司债务承担连带责任。

七、家族"钱袋子"公司需要用钱时可以随时从项目公司分红吗？需要缴税吗？

1.利润分配时间

公司进行利润分红需要符合《公司法》的相关规定，具备条件的可供分配利润是可以根据需要随时进行分红的。

2.利润分配条件

依据《公司法》的规定，公司分红应当具备以下几个条件：

（1）公司有可供分配的利润。

根据《公司法》第一百六十六条的规定，公司利润的分配顺序是：

第一，缴纳税款；

第二，弥补亏损；

第三，提取法定公积金；

第四，提取任意公积金；

第五，分红。

其中，法定公积金的提取比例应为税后利润的10%。法定公积金累计额为公司注册资本50%以上的，可以不再提取；任意公积金的提取须由股东会或者股东大会决议。

（2）公司股东会对公司分红作出有效决议。

根据《公司法》第三十七条、第四十六条的规定，董事会制订公司的利润分配方案，股东会审议批准公司的利润分配方案。

友情提示：

为了规避税务风险，当年度形成的利润建议在次年企业所得税汇算清缴之后再进行分配。

【小贴士】

《中华人民共和国公司法》

第一百六十六条　法定公积金与任意公积金

公司分配当年税后利润时，应当提取利润的百分之十列入公司法定公积金。公司法定公积金累计额为公司注册资本的百分之五十以上的，可以不再提取。

公司的法定公积金不足以弥补以前年度亏损的，在依照前款规定提取法定公积金之前，应当先用当年利润弥补亏损。

公司从税后利润中提取法定公积金后，经股东会或者股东大会决议，还可以从税后利润中提取任意公积金。

公司弥补亏损和提取公积金后所余税后利润，有限责任公司依照本法第三十四条的规定分配；股份有限公司按照股东持有的股份比例分配，但股份有限公司章程规定不按持股比例分配的除外。

股东会、股东大会或者董事会违反前款规定，在公司弥补亏损和提取法定公积金之前向股东分配利润的，股东必须将违反规定分配的利润退还公司。

公司持有的本公司股份不得分配利润。

八、家族"钱袋子"公司的留存利润一直不分配有风险吗？

针对家族"钱袋子"公司留存的利润，因其股东是老板和老板娘，公司是否分配利润、分配多少利润属于夫妻二人决策的范畴，并没有强制其进行分配的相关法律规定。

【小贴士】

《中华人民共和国公司法》

第三十七条 （股东会职权）股东会行使下列职权：

（六）审议批准公司的利润分配方案和弥补亏损方案。

> 第四十六条 （董事会职权）董事会对股东会负责，行使下列职权：
>
> （五）制订公司的利润分配方案和弥补亏损方案。
>
> 从以上条款的规定来看，公司利润分配由董事会制订分配方案，由股东会负责审批。

九、家族"钱袋子"公司里的钱怎么"拿"出来？

若老板有资金支配需求，可以根据资金支配用途进行合理安排，以下列举事项可供参考。

（1）股东分红。

跟现有公司分红一样，自然人股东取得股息红利需缴纳20%的个人所得税。但家族"钱袋子"公司有延缓纳税的作用，老板可以根据其资金需求安排分红。不需要的可以暂存，不做利润分配，一方面延迟缴税，另一方面将经营收益与经营风险相隔离。

（2）资产购置。

购买土地、厂房等非住宅性质的不动产，可以用家族"钱袋子"公司作为法人股东成立专门的公司来购买，既可以规避自然人股东分红纳税，还能做到资产安全与经营风险的隔离，同时还可以通过租赁方式来实现资产的抵税功能。

友情提示：

购买房产、土地的公司最好设置为增值税一般纳税人，资产购置环节取得的进项税额可以用于抵扣，对于持有房产的公司来说，短期内产生的租赁收入并不需要额外缴纳增值税，即使后期需要缴纳增值税，租用资产的关联公司也可以凭增值税专用发票来抵扣这部分进项税额，并不会额外增加增值税税负。

（3）股权投资。

若项目公司预计可持续产生收益，且其设立目的是取得分红款，则可以通过家族"钱袋子"公司投资，控股或参股，其收到的股息红利所得免缴企业所得税，可以规避给自然人股东分红的个人所得税。

（4）理财投资。

可以通过家族"钱袋子"公司直接参与，对此项收益进行灵活配置。

【总结】

通过以上举例，可以看到，老板"拿钱"是广义的，并不一定要拿到个人名下才是自己的钱。个人资产法人化，首先要改变的是消费时的税务思维，先有认知才会有方法；若是能通过公司架构来实现的，可以优先考虑通过公司来做。

十、超出了公司经营范围的业务，不能开具发票吗？

企业经营中，难免会出现超出登记经营范围的业务，遇到这种情况能开发票吗？开发票的话会有税务风险吗？

这个问题，我们来分析一下：

纳税、开票主要看是否发生了应税行为，说白了就是做了什么事，而不看经营范围。经营范围与发票开具是两码事，只要是发生了应税行为，就应该开票并申报纳税，至于是不是在企业经营范围内，是市场管理部门的管理范畴。

若是偶尔的行为，一般无须更改公司的经营范围；若是经常性的行为，建议到主管部门去办理经营范围的变更登记。

另外，国家税务总局也对此正面做过回复：纳税人发生应税行为，除国家有明令禁止销售的外，即使超出营业执照上的经营范围，也应当据实开具发票（见图1-5）。

图1-5　国家税务总局正面回复

十一、老板和老板娘的劳动关系放在家族"钱袋子"公司还是子公司？

因家族"钱袋子"公司不做实际业务经营，将老板和老板娘的劳动关系放在家族"钱袋子"公司无法起到抵减企业所得税的作用，建议放在经营主体公司。

十二、这类家族"钱袋子"公司，国家以后会不会出政策限制？

家族"钱袋子"公司设置的法律依据是《公司法》和《企业所得税法》，均属于国家正式的立法，不同于临时性的优惠政策，一般是不会随意调整的。

第二章
合伙企业涉税问题

一、有限合伙企业做生意,合伙人如何缴税?真的是不分利润不缴税吗?

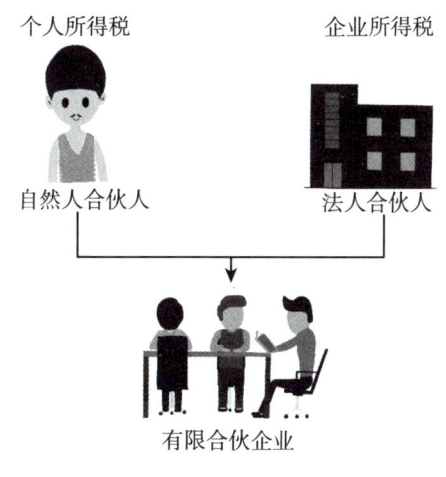

图2-1 合伙企业的纳税人

1.究竟谁才是纳税人?

合伙企业从事生产经营,在合伙企业层面并不需要缴纳所得税,而是要穿透到每一个合伙人作为纳税人,留存的利润按照"先分后税"的原则,由合伙人按照经营所得来缴税。

合伙人是自然人的，缴纳个人所得税（按照"经营所得"项目5%—35%的超额累进税率计算缴纳个人所得税）。

合伙人是法人（如公司）的，并入企业的应纳税所得额，缴纳企业所得税。

也就是说，合伙企业本身并不是所得税的纳税人，是以每一个合伙人为纳税义务人，只对合伙人征收一道所得税。

2.如何理解"先分后税"？

"先分后税"这个"分"字显然很容易让人产生误解。甚至很多老板认为，只要合伙企业不向合伙人分配所得，合伙人就不需要缴税。但真的是这样吗？

其实，"先分后税"并不能简单地按照字面意思来理解。如合伙企业有利润，只要不分配所得，合伙人就可以暂不征税，等到分配所得时再产生纳税义务。这绝对是误解！

正确的理解是：合伙企业有利润以后，先按照一定的比例和方法向每个合伙人分配应纳税所得额，每个合伙人再按照其分配的应纳税所得额适用相应的税率进行纳税。利润即使留存在合伙企业，并没有实际分配，也要视同向每个合伙人分配来计算纳税。

也就是说，"先分"的"分"指的是分配应纳税所得额，并不是实际的利润分配。

3.按照什么原则来分配？

针对合伙企业产生的利润，通常是按照以下分配原则来确定每一个合伙人的应纳税所得额。

首先是按照合伙协议约定的分配比例来确定；如果合伙协议没有约定或者约定得不够明确，再由合伙人协商决定分配比例；如果合伙人协商不了，无法达成一致意见，再按照合伙人实缴的出资比例来确定；如果实缴出资比例也无法确定，最后只能按照合伙人数量来平均计算了。

总结一下，分配原则就是按照图2-2优先顺序来确定。

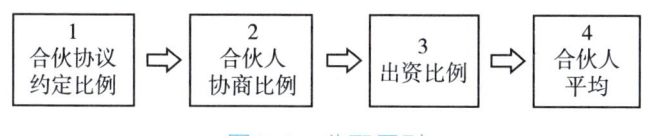

图2-2 分配原则

友情提示：

有限合伙企业不得将全部利润分配给部分合伙人；但是，合伙协议另有约定的除外。

合伙企业的合伙人是法人和其他组织的，合伙人在计算其缴纳企业所得税时，不得用合伙企业的亏损抵减其盈利。

【小贴士】

（1）《财政部 国家税务总局关于合伙企业合伙人所得税问题的通知》（财税〔2008〕159号）

二、合伙企业以每一个合伙人为纳税义务人。合伙企业合伙人是自然人的，缴纳个人所得税；合伙人是法人和其他组织的，缴纳企业所得税。

三、合伙企业生产经营所得和其他所得采取"先分后税"的原则。

具体应纳税所得额的计算按照《关于个人独资企业和合伙企业投资者征收个人所得税的规定》（财税〔2000〕91号）及《财政

部 国家税务总局关于调整个体工商户个人独资企业和合伙企业个人所得税税前扣除标准有关问题的通知》(财税〔2008〕65号,自2011年9月1日起,该法规第一条条款废止,其他条款仍然有效)的有关规定执行。

前款所称生产经营所得和其他所得,包括合伙企业分配给所有合伙人的所得和企业当年留存的所得(利润)。

四、合伙企业的合伙人按照下列原则确定应纳税所得额:

(一)合伙企业的合伙人以合伙企业的生产经营所得和其他所得,按照合伙协议约定的分配比例确定应纳税所得额。

(二)合伙协议未约定或者约定不明确的,以全部生产经营所得和其他所得,按照合伙人协商决定的分配比例确定应纳税所得额。

(三)协商不成的,以全部生产经营所得和其他所得,按照合伙人实缴出资比例确定应纳税所得额。

(四)无法确定出资比例的,以全部生产经营所得和其他所得,按照合伙人数量平均计算每个合伙人的应纳税所得额。

五、合伙企业的合伙人是法人和其他组织的,合伙人在计算其缴纳企业所得税时,不得用合伙企业的亏损抵减其盈利。

(2)《财政部 国家税务总局关于印发〈关于个人独资企业和合伙企业投资者征收个人所得税的规定〉的通知》(财税〔2000〕91号)

合伙企业以每一个合伙人为纳税人。个人独资企业和合伙企业每一纳税年度的收入总额减除成本、费用以及损失后的余额,作为投资者个人的生产经营所得,比照个人所得税法的"个体工商户的生产经营所得"应税项目,适用5%—35%的五级超额累进税率,计算征收个人所得税。

> （3）《中华人民共和国合伙企业法》
> 第六十九条　有限合伙企业不得将全部利润分配给部分合伙人；但是，合伙协议另有约定的除外。

二、有限合伙企业取得被投资公司分红，合伙人如何缴税？

乙公司与自然人李四组成了一家有限合伙企业，X公司又与这家有限合伙企业投资成立了甲公司。其中，X公司持股比例为90%，有限合伙企业持股比例为10%（见图2-3）。2021年，甲公司向股东分红，有限合伙企业取得了1 000万元的分红款，按照合伙协议约定的比例进行分配，其中，合伙人乙公司应分200万元，合伙人李四应分800万元。

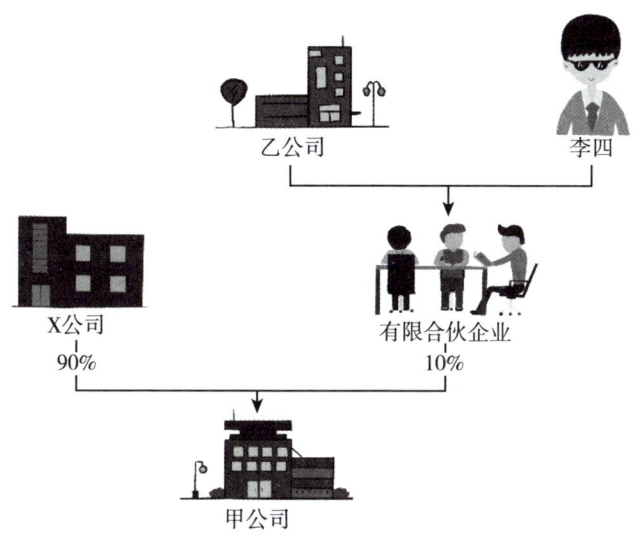

图2-3　合伙企业分红示意图

请问，合伙人该如何缴税呢？

首先明确一点，有限合伙企业并不是所得税的纳税人，不需要缴纳所得税。

对于合伙人乙公司来说，其从合伙企业分得的200万元股息红利虽是投资收益，但属于通过有限合伙企业间接投资甲公司取得的，不满足免税优惠政策规定的"居民企业间直接投资取得的股息红利所得"，不能享受免税优惠，需并入乙公司应纳税所得额，缴纳企业所得税。

对于合伙人李四来说，其从合伙企业分得的800万元股息红利，应按"利息、股息、红利所得"应税项目适用20%的税率计算缴纳个人所得税，也就是需要缴纳160（800×20%）万元的个人所得税。

友情提示：

（1）有限合伙企业取得1 000万元的分红，无论当年分不分配，都要按照"先分后税"的原则，先按照一定的比例和方法向每个合伙人分配应纳税所得额，每个合伙人再按照其分配的应纳税所得额缴纳所得税。也就是说，有限合伙企业没有储存利润的功能。

（2）如果甲公司是上市公司（包括北交所、新三板挂牌公司），对于自然人李四来说，其取得的分红款也不能享受股票股息红利差别化优惠政策。

【小贴士】

（1）《财政部 国家税务总局关于合伙企业合伙人所得税问题的通知》（财税〔2008〕159号）

三、合伙企业生产经营所得和其他所得采取"先分后税"的原则。

具体应纳税所得额的计算按照《关于个人独资企业和合伙企业投资者征收个人所得税的规定》（财税〔2000〕91号）及《财政

部 国家税务总局关于调整个体工商户个人独资企业和合伙企业个人所得税税前扣除标准有关问题的通知》(财税〔2008〕65号,自2011年9月1日起,该法规第一条条款废止,其他条款仍然有效)的有关规定执行。

前款所称生产经营所得和其他所得,包括合伙企业分配给所有合伙人的所得和企业当年留存的所得(利润)。

(2)《国家税务总局关于〈关于个人独资企业和合伙企业投资者征收个人所得税的规定〉执行口径的通知》(国税函〔2001〕84号)

第二条"关于个人独资企业和合伙企业对外投资分回利息、股息、红利的征税问题"规定如下:个人独资企业和合伙企业对外投资分回的利息或者股息、红利,不并入企业的收入,而应单独作为投资者个人取得的利息、股息、红利所得,按"利息、股息、红利所得"应税项目计算缴纳个人所得税。以合伙企业名义对外投资分回利息或者股息、红利的,应按《通知》所附规定的第五条精神确定各个投资者的利息、股息、红利所得,分别按"利息、股息、红利所得"应税项目计算缴纳个人所得税。

(3)《中华人民共和国企业所得税法》

第二十六条 企业的下列收入为免税收入:

(二)符合条件的居民企业之间的股息、红利等权益性投资收益。

(4)《中华人民共和国企业所得税法实施条例》

第八十三条 企业所得税法第二十六条第(二)项所称符合条件的居民企业之间的股息、红利等权益性投资收益,是指居民企业直接投资于其他居民企业取得的投资收益。企业所得税法第二十六条第（二）项和第（三）项所称股息、红利等权益性投资收益，不包括连续持有居民企业公开发行并上市流通的股票不足12个月取得的投资收益。

（5）《关于继续实施全国中小企业股份转让系统挂牌公司股息红利差别化个人所得税政策的公告》（财政部 税务总局 证监会公告2019年第78号）

一、个人持有挂牌公司的股票，持股期限超过1年的，对股息红利所得暂免征收个人所得税。

个人持有挂牌公司的股票，持股期限在1个月以内（含1个月）的，其股息红利所得全额计入应纳税所得额；持股期限在1个月以上至1年（含1年）的，其股息红利所得暂减按50%计入应纳税所得额；上述所得统一适用20%的税率计征个人所得税。

（6）《财政部 国家税务总局 证监会关于实施上市公司股息红利差别化个人所得税政策有关问题的通知》（财税〔2012〕85号）

一、个人从公开发行和转让市场取得的上市公司股票，持股期限在1个月以内（含1个月）的，其股息红利所得全额计入应纳税所得额；持股期限在1个月以上至1年（含1年）的，暂减按50%计入应纳税所得额；持股期限超过1年的，暂减按25%计入应纳税所得额。上述所得统一适用20%的税率计征个人所得税。

（7）《财政部 国家税务总局 证监会关于上市公司股息红利差别化个人所得税政策有关问题的通知》（财税〔2015〕101号）

一、个人从公开发行和转让市场取得的上市公司股票，持股期限超过1年的，股息红利所得暂免征收个人所得税。

个人从公开发行和转让市场取得的上市公司股票，持股期限在1个月以内（含1个月）的，其股息红利所得全额计入应纳税所得额；持股期限在1个月以上至1年（含1年）的，暂减按50%计入应纳税所得额；上述所得统一适用20%的税率计征个人所得税。

三、有限合伙企业发生合伙人退伙或份额转让，合伙人如何缴税？

自然人合伙人张三和法人合伙人甲公司都打算转让其持有的合伙企业份额（见图2-4），请问张三与甲公司该如何缴税呢？

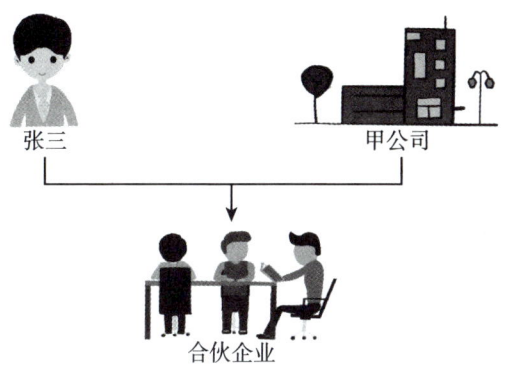

图2-4　合伙人退伙或份额转让示意图

首先明确一点，合伙企业的投资者进行投资，其持有的是合伙企业份额，而不是企业股份，其体现的是原合伙人退伙、新合伙人入伙的形式。合伙企业以每一个合伙人为纳税义务人。合伙人是自然人的，缴纳个人所得税，合伙人是法人和其他组织的，缴纳企业所得税。

对于自然人合伙人张三来说，转让合伙企业份额会涉及两道环节的个人所得税：

一是转让当期归属到该合伙人当年度未缴纳经营所得的未分配利润

部分，征收"经营所得"项目的个人所得税。

二是就新合伙人取得原合伙人的份额所支付的溢价部分，征收原合伙人的"财产转让所得"项目的个人所得税。

对于法人合伙人甲公司来说，转让合伙企业份额，同样涉及两道环节企业所得税：

一是转让当期实现的应纳税所得应分得的利润并入法人企业应纳税所得额。

二是转让合伙企业份额超过其投资成本的溢价部分并入法人企业应纳税所得计算缴纳企业所得税。

友情提示：

在计算转让合伙企业份额应纳税所得额时，可扣除被投资企业未分配利润等投资者留存收益中所分配金额。原因是合伙企业采取"先分后税"形式，即使合伙利润当年未分配，对于法人合伙人和自然人合伙人而言仍需要按规定缴纳税款。因此，待转让合伙权益或撤伙时，由于已税未分配利润已经缴纳过所得税，已税利润应当从财产转让所得中扣减。

【小贴士】

（1）《财政部 国家税务总局关于合伙企业合伙人所得税问题的通知》（财税〔2008〕159号）

二、合伙企业以每一个合伙人为纳税义务人。合伙企业合伙人是自然人的，缴纳个人所得税；合伙人是法人和其他组织的，缴纳企业所得税。

三、合伙企业生产经营所得和其他所得采取"先分后税"的原则。具体应纳税所得额的计算按照《关于个人独资企业和合伙企业投资者征收个人所得税的规定》（财税〔2000〕91号）及《财政

部 国家税务总局关于调整个体工商户个人独资企业和合伙企业个人所得税税前扣除标准有关问题的通知》(财税〔2008〕65号，自2011年9月1日起，该法规第一条条款废止，其他条款仍然有效)的有关规定执行。

前款所称生产经营所得和其他所得，包括合伙企业分配给所有合伙人的所得和企业当年留存的所得（利润）。

（2）《中华人民共和国个人所得税法实施条例》

第六条 （八）财产转让所得，是指个人转让有价证券、股权、合伙企业中的财产份额、不动产、机器设备、车船以及其他财产取得的所得。

（3）国家税务总局深圳市税务局实务问答（见图2-5）

"合伙企业发生合伙人退出或者合伙份额转让，如何缴纳个人所得税？"

图2-5 国家税务总局深圳市税务局实务问答

根据《中华人民共和国合伙企业法》的规定，普通投资人对合伙企业债务承担无限连带责任，有限合伙人以其认缴出资额为限承担责任。合伙企业的投资者进行投资,其持有的是合伙企业份额,而不是企业股份,其体现的是原合伙人退伙、新合伙人入伙的形式。

因此,一是合伙人退伙,应就归属到该合伙人当年度未缴纳经营所得的未分配利润部分,征收"经营所得"项目的个人所得税。

二是合伙人将其投资份额转让,从合伙企业层面,应对合伙人进行退伙清算,就其清算所得征收"经营所得"项目的个人所得税;从合伙人层面,应就新合伙人取得原合伙人的份额所支付的溢价部分,征收原合伙人的"财产转让所得"项目的个人所得税。

四、有限合伙企业转让被投资公司股权,合伙人如何缴税?

有限合伙企业将其持有的甲公司10%的股权,转让给丙公司,转让价格为5 000万元,投资成本为1 000万元,转让所得为4 000(5 000-1 000)万元,按照合伙协议约定的比例进行分配,其中合伙人乙公司应分800万元,合伙人李四应分3 200万元。

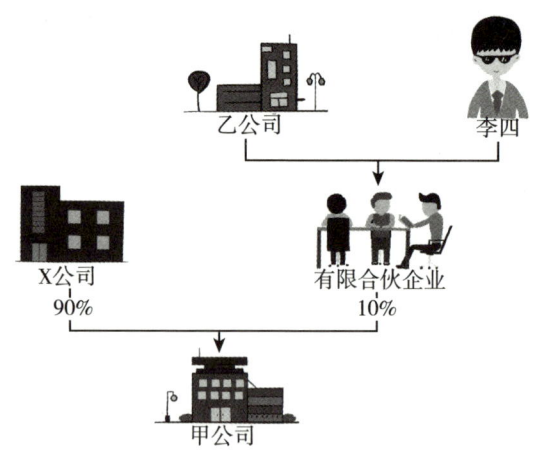

图2-6　合伙企业转让被投资企业股权示意图

请问，合伙人该如何缴税呢？

首先明确一点，合伙企业出售、转让股权的所得，属于经营所得范围。

对于合伙人乙公司来说，其从合伙企业分得的800万元收益，需并入乙公司应纳税所得额，缴纳企业所得税。

对于合伙人李四来说，其从合伙企业分得的3 200万元收益，应按照"经营所得"项目，适用5%—35%的五级超额累进税率缴纳个人所得税。

友情提示：

如果该有限合伙企业为创业投资企业，按单一投资基金核算的，合伙人李四取得的收益是按照20%的税率计算缴纳个人所得税。

【小贴士】

（1）《财政部 国家税务总局关于印发〈关于个人独资企业和合伙企业投资者征收个人所得税的法规〉的通知》（财税〔2000〕91号）

第四条 个人独资企业和合伙企业每一纳税年度的收入总额减除成本、费用以及损失后的余额，作为投资者个人的生产经营所得，比照个人所得税法的"个体工商户的生产经营所得"应税项目，适用5%—35%的五级超额累进税率，计算征收个人所得税。所称收入总额，是指企业从事生产经营以及与生产经营有关的活动所取得的各项收入，包括商品（产品）销售收入、营运收入、劳务服务收入、工程价款收入、财产出租或转让收入、利息收入、其他业务收入和营业外收入。

（2）2018年8月30日《国家税务总局2018年第三季度政策解读现场实录》

国家税务总局所得税司副司长叶霖儿在回答有关问题时表示：

按照现行个人所得税法规定，合伙企业的合伙人为其纳税人，合伙企业转让股权所得，应按照"先分后税"原则，根据合伙企业的全部生产经营所得和合伙协议约定的分配比例确定合伙企业各合伙人的应纳税所得额，其自然人合伙人的分配所得，应按照"个体工商户的生产、经营所得"项目缴纳个人所得税。

（3）《财政部 税务总局 发展改革委 证监会关于创业投资企业个人合伙人所得税政策问题的通知》（财税〔2019〕8号）

一、创投企业可以选择按单一投资基金核算或者按创投企业年度所得整体核算两种方式之一，对其个人合伙人来源于创投企业的所得计算个人所得税应纳税额。

本通知所称创投企业，是指符合《创业投资企业管理暂行办法》（发展改革委等10部门令第39号）或者《私募投资基金监督管理暂行办法》（证监会令第105号）关于创业投资企业（基金）的有关规定，并按照上述规定完成备案且规范运作的合伙制创业投资企业（基金）。

二、创投企业选择按单一投资基金核算的，其个人合伙人从该基金应分得的股权转让所得和股息红利所得，按照20%税率计算缴纳个人所得税。

创投企业选择按年度所得整体核算的，其个人合伙人应从创投企业取得的所得，按照"经营所得"项目、5%—35%的超额累进税率计算缴纳个人所得税。

五、合伙企业的自然人合伙人能不能从合伙企业领取工资呢？

合伙人是可以从合伙企业领取工资的，但需要注意申报时不能按

"工资薪金"来代扣个人所得税。读者可能会觉得奇怪，这工资按照"工资、薪金所得"税目来申报纳税，难道不是天经地义的吗？

还真不是，因为这既不是员工的工资，也不是高管的工资，而是合伙人的"工资"，虽然名义上也叫"工资"，但实际上属于合伙企业向合伙人预分配的经营所得，应该按照"经营所得"项目来申报纳税。

所以，针对合伙人和其他受雇从业人员（非合伙人），需要分类进行个人所得税申报：

对非投资者是按照"工资、薪金所得"进行全员全额扣缴申报。

对于投资者应按照"经营所得"项目自行申报纳税。

友情提示：

（1）合伙人办理经营所得汇算清缴时，如果企业支付给投资者个人的"工资"计入了成本费用科目，相应减少了会计利润，在年终汇算清缴时应进行纳税调整处理。如果企业支付给投资者个人的"工资"已计入"税后列支费用"或"合伙人提款"科目，不影响会计利润，则该项目不需要纳税调增。

（2）如果合伙人既有综合所得，又有经营所得，可在综合所得或经营所得中申报减除费用6万元、专项扣除、专项附加扣除以及依法确定的其他扣除，但不得重复申报减除。

【例2-1】

张三、李四成立了一家合伙企业，各占50%的份额，合伙企业每月给张三、李四两个合伙人各发放2万元工资，2021年度，合伙企业生产经营所得为60万元（已扣除两位合伙人的工资）。

要求： 在2022年1—3月，张三、李四办理汇算清缴时，如何确认其各自应分配的经营所得呢？

解析：

张三、李四取得的工资，实际上属于合伙企业向合伙人预分配的经营所得，因为计入了成本费用，减少了当年度的会计利润，在年终汇算清缴时要进行纳税调整，即合伙企业可供分配的经营所得为 60+2×12+2×12=108 万元。

张三的经营所得 =108×50%=54（万元）

李四的经营所得 =108×50%=54（万元）

假设张三除了合伙企业的经营所得，还从其他公司取得工资（年度12万元）。对于张三来说，不仅取得了12万元的工资薪金所得，还取得了54万元的经营所得，需要分别办理这两项个人所得税的汇算清缴（综合所得和经营所得）。对于减除费用6万元、专项扣除、专项附加扣除以及依法确定的其他扣除，可选择在综合所得中扣除，也可以选择在经营所得中扣除，但不能重复申报减除，也不能分成两边扣除。

【小贴士】

（1）《财政部 国家税务总局关于印发〈关于个人独资企业和合伙企业投资者征收个人所得税的规定〉的通知》（财税〔2000〕91号）

第三条 个人独资企业以投资者为纳税义务人，合伙企业以每一个合伙人为纳税义务人（以下简称投资者）。

第四条 个人独资企业和合伙企业（以下简称企业）每一纳税年度的收入总额减除成本、费用以及损失后的余额，作为投资者个人的生产经营所得，比照个人所得税法的"个体工商户的生产经营所得"应税项目，适用5%—35%的五级超额累进税率，计算征收个人所得税。

第五条　个人独资企业的投资者以全部生产经营所得为应纳税所得额；合伙企业的投资者按照合伙企业的全部生产经营所得和合伙协议约定的分配比例确定应纳税所得额，合伙协议没有约定分配比例的，以全部生产经营所得和合伙人数量平均计算每个投资者的应纳税所得额。

前款所称生产经营所得，包括企业分配给投资者个人的所得和企业当年留存的所得（利润）。

第六条　（一）……投资者的工资不得在税前扣除。

（2）《国家税务总局关于办理2021年度个人所得税综合所得汇算清缴事项的公告》（国家税务总局公告2022年第1号）

第四条　"可享受的税前扣除"规定：同时取得综合所得和经营所得的纳税人，可在综合所得或经营所得中申报减除费用6万元、专项扣除、专项附加扣除以及依法确定的其他扣除，但不得重复申报减除。

（3）《中华人民共和国个人所得税法》

第十一条　居民个人取得综合所得，按年计算个人所得税；有扣缴义务人的，由扣缴义务人按月或者按次预扣预缴税款；需要办理汇算清缴的，应当在取得所得的次年三月一日至六月三十日内办理汇算清缴。预扣预缴办法由国务院税务主管部门制定。

第十二条　纳税人取得经营所得，按年计算个人所得税，由纳税人在月度或者季度终了后十五日内向税务机关报送纳税申报表，并预缴税款；在取得所得的次年三月三十一日前办理汇算清缴。

六、申报完合伙人的个人经营所得后，将剩余的利润打到合伙人的个人账户，还需要再缴个人所得税吗？

合伙人的个人经营所得已完成申报并缴纳个人所得税，因此允许将剩余利润打给投资者个人账户，不需要再重复缴纳个人所得税了。

【小贴士】

《财政部 国家税务总局关于印发〈关于个人独资企业和合伙企业投资者征收个人所得税的规定〉的通知》（财税〔2000〕91号）

第五条 个人独资企业的投资者以全部生产经营所得为应纳税所得额；合伙企业的投资者按照合伙企业的全部生产经营所得和合伙协议约定的分配比例确定应纳税所得额，合伙协议没有约定分配比例的，以全部生产经营所得和合伙人数量平均计算每个投资者的应纳税所得额。

前款所称生产经营所得，包括企业分配给投资者个人的所得和企业当年留存的所得（利润）。

因此，个人独资企业和合伙企业按照上述政策申报缴纳经营所得个人所得税后，将利润分配给投资者不再缴纳个人所得税。

第三章
股权转让、利润分配相关涉税问题

一、利润分配

(一)股东取得公司分红,该如何纳税?

2021年甲公司(非上市公司)分红1 000万元,其中股东张三取得分红收入700万元,股东乙公司取得分红收入300万元(见图3-1)。

请问张三和乙公司针对取得的分红收入该如何纳税?

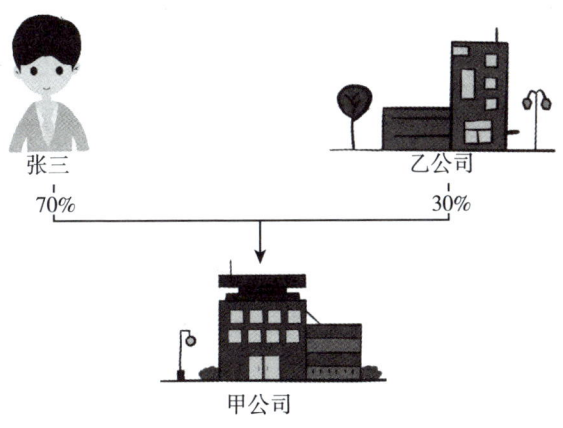

图3-1 公司股东分红示意图

一般来说,企业当年度实现的利润,按照规定缴纳企业所得税后,其税后利润可以按照规定分配给股东。

对于自然人股东张三来说：

其取得700万元的分红款，须按照"股息红利所得"缴纳个人所得税，税率为20%，即缴纳140（700×20%）万元的个人所得税，甲公司需要按规定为自然人股东张三代扣代缴个人所得税。

对于法人股东乙公司来说：

其取得300万元的分红款，属于符合条件的居民企业之间的股息、红利等权益性投资收益，可以适用免税政策，这部分分红收益可以免征企业所得税。

"符合条件"是指：

（1）居民企业之间——不包括对"独资企业、合伙企业、非居民企业"进行投资；

（2）直接投资——不包括"间接投资"；

（3）权益性投资，非债权性投资。

【友情提示】

（1）甲公司虽然不是分红收益个人所得税的纳税人，但作为扣缴义务人，若甲公司未履行扣缴义务，须按规定处以50%以上、3倍以下的罚款，但不加收滞纳金。

（2）外籍股东从外商投资企业取得的股息、红利所得暂免征收个人所得税。

（3）上市公司（包括北交所、新三板挂牌公司）的股东，持股期限超过1年，免征分红的个人所得税。

【小贴士】

（1）《中华人民共和国个人所得税法》

第三条　个人所得税的税率：

（三）利息、股息、红利所得，财产租赁所得，财产转让所得和偶然所得，适用比例税率，税率为百分之二十。

第六条 应纳税所得额的计算：

（六）利息、股息、红利所得和偶然所得，以每次收入额为应纳税所得额。

第九条 个人所得税以所得人为纳税人，以支付所得的单位或者个人为扣缴义务人。

第十二条 ……纳税人取得利息、股息、红利所得，财产租赁所得，财产转让所得和偶然所得，按月或者按次计算个人所得税，有扣缴义务人的，由扣缴义务人按月或者按次代扣代缴税款。

（2）《中华人民共和国个人所得税法实施条例》

第二十四条 扣缴义务人向个人支付应税款项时，应当依照个人所得税法规定预扣或者代扣税款，按时缴库，并专项记载备查。

（3）《中华人民共和国税收征收管理法》

第六十九条 扣缴义务人应扣未扣、应收而不收税款的，由税务机关向纳税人追缴税款，对扣缴义务人处应扣未扣、应收未收税款百分之五十以上三倍以下的罚款。

（4）《中华人民共和国企业所得税法》

第二十六条规定，企业的下列收入为免税收入：

（二）符合条件的居民企业之间的股息、红利等权益性投资收益。

（5）《中华人民共和国企业所得税法实施条例》

第八十三条规定，企业所得税法第二十六条第（二）项所称符合条件的居民企业之间的股息、红利等权益性投资收益，是指居民企业直接投资于其他居民企业取得的投资收益。企业所得税法第二十六条第（二）项和第（三）项所称股息、红利等权益性投资收益，不包括连续持有居民企业公开发行并上市流通的股票不足12个月取得的投资收益。

（6）《关于行政机关应扣未扣个人所得税问题的批复》（国税函〔2004〕1199号）

第三条，按照《征管法》规定的原则，扣缴义务人应扣未扣税款，无论适用修订前还是修订后的《征管法》，均不得向纳税人或扣缴义务人加收滞纳金。

（7）《财政部 国家税务总局关于个人所得税若干政策问题的通知》（财税字〔1994〕20号）

二、下列所得，暂免征收个人所得税

（八）外籍个人从外商投资企业取得的股息、红利所得。

（8）《关于继续实施全国中小企业股份转让系统挂牌公司股息红利差别化个人所得税政策的公告》（财政部 税务总局 证监会2019年第78号公告）

一、个人持有挂牌公司的股票，持股期限超过1年的，对股息红利所得暂免征收个人所得税。

个人持有挂牌公司的股票，持股期限在1个月以内（含1个月）的，其股息红利所得全额计入应纳税所得额；持股期限在1个月以上至1年（含1年）的，其股息红利所得暂减按50%计入应纳税所得额；上述所得统一适用20%的税率计征个人所得税。

本公告所称挂牌公司是指股票在全国中小企业股份转让系统公开转让的非上市公众公司；持股期限是指个人取得挂牌公司股票之日至转让交割该股票之日前一日的持有时间。

（9）《关于上市公司股息红利差别化个人所得税政策有关问题的通知》（财税〔2015〕101号）

一、个人从公开发行和转让市场取得的上市公司股票，持股期限超过1年的，股息红利所得暂免征收个人所得税。个人从公开发行和转让市场取得的上市公司股票，持股期限在1个月以内（含1个月）的，其股息红利所得全额计入应纳税所得额；持股期限在1个月以上至1年（含1年）的，暂减按50%计入应纳税所得额；上述所得统一适用20%的税率计征个人所得税。

（二）股东取得分红款，纳税义务发生时间如何确定？

2021年6月，甲公司召开股东会，决议要将公司账面100万元的未分配利润进行分配，其中股东张三分红金额60万元，股东李四分红金额20万元，股东乙公司分红金额20万元（见图3-2）。

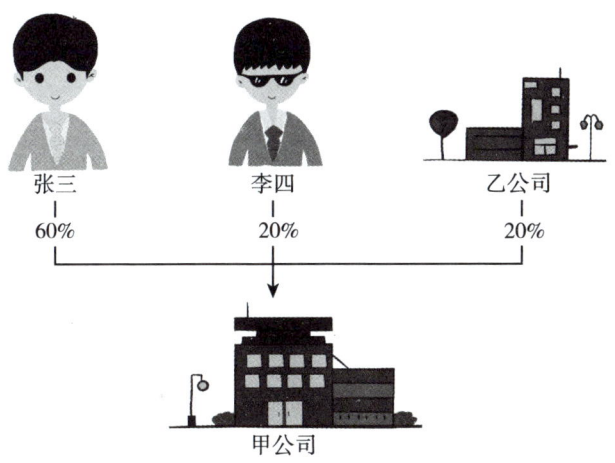

图3-2　公司股东分红何时纳税

张三于2021年6月收到60万元分红款，而李四、乙公司在2021年6

月并未收到分红款。李四是在2021年8月才收到20万元分红款，乙公司在2022年1月收到20万元分红款。

请问张三、李四、乙公司取得分红款应何时纳税？

根据甲公司2021年6月出具的股东会决议，财务当月会确认利润分配的相关会计处理：

借：利润分配——未分配利润　　　1 000 000
　　贷：应付股利——张三　　　　　　600 000
　　　　应付股利——李四　　　　　　200 000
　　　　应付股利——乙公司　　　　　200 000

对于张三来说，2021年6月取得分红款，应在2021年7月纳税申报期内申报，由甲公司扣缴申报。

对于李四来说，因财务在2021年6月的账面上已经体现了应支付股东李四的分红款，即使李四在2021年8月才收到分红款，甲公司也要在2021年7月纳税申报期内为李四申报个人所得税并缴纳税款，由甲公司扣缴申报。

对于乙公司来说，甲公司股东会或股东大会作出利润分配或转股决定的日期，企业所得税纳税义务就已经发生。也就是说，即使乙公司在2021年6月没有收到分红款，此时企业所得税上纳税义务就已经发生，乙公司需要确认20万元投资收益，因其属于符合条件的居民企业之间的股息、红利等权益性投资收益，可以适用免税政策，这部分分红收益是可以免征企业所得税的，作免税申报即可，由乙公司自行申报。

【小贴士】

（1）《中华人民共和国个人所得税法》

第九条规定，个人所得税以所得人为纳税人，以支付所得的单位或者个人为扣缴义务人。

第十二条规定，纳税人取得利息、股息、红利所得，财产租赁所得，财产转让所得和偶然所得，按月或者按次计算个人所得税，有扣缴义务人的，由扣缴义务人按月或者按次代扣代缴税款。

（2）《国家税务总局关于利息、股息、红利所得征税问题的通知》（国税函〔1997〕656号）

扣缴义务人将属于纳税义务人应得的利息、股息、红利收入，通过扣缴义务人的往来会计科目分配到个人名下，收入所有人有权随时提取，在这种情况下，扣缴义务人将利息、股息、红利所得分配到个人名下时，即应认为所得的支付，应按税收法规规定及时代扣代缴个人应缴纳的个人所得税。

（3）《国家税务总局关于贯彻落实企业所得税法若干税收问题的通知》（国税函〔2010〕79号）

四、关于股息、红利等权益性投资收益收入确认问题

企业权益性投资取得股息、红利等收入，应以被投资企业股东会或股东大会作出利润分配或转股决定的日期，确定收入的实现。

（三）自然人股东从公司借钱长期未还，存在税务风险吗？

很多企业老板因为分红要缴纳20%的个人所得税，会通过向企业借款的方式从公司拿走资金，或者让公司给老板购买住房、奢侈品等与公司生产经营无关的个人消费，这部分资金流出会通过"其他应收款——股东个人"来挂账，日积月累，最终形成了大额的往来款，年末也没办法消化，甚至持续多年。原本以为可以瞒天过海，孰不知这其中隐藏着很大的税务风险。

针对自然人股东从公司借钱用于个人消费及家庭支出，且长期不还的行为，税法中专门规定将其视同"分红"来征收个人所得税（税率20%）。之所以这么规定，其目的就是防止个人股东以借款的形式掩盖红利分配。

友情提示：

面对个人股东借款，一定要注意两个问题：

（1）借款用途，必须用于公司经营，而且需有证据证明与经营相关，避免涉税风险。

（2）借款时间，不要逾期一年以上，俗话说得好：随借随还，再借不难！

【小贴士】

（1）《财政部 国家税务总局关于规范个人投资者个人所得税征收管理的通知》（财税〔2003〕158号）

二、关于个人投资者从其投资的企业（个人独资企业、合伙企业除外）借款长期不还的处理问题

纳税年度内个人投资者从其投资企业（个人独资企业、合伙企业除外）借款，在该纳税年度终了后既不归还，又未用于企业生产经营的，其未归还的借款可视为企业对个人投资者的红利分配，依照"利息、股息、红利所得"项目计征个人所得税。

（2）《财政部 国家税务总局关于企业为个人购买房屋或其他财产征收个人所得税问题的批复》（财税〔2008〕83号）

一、根据《中华人民共和国个人所得税法》和《财政部 国家税务总局关于规范个人投资者个人所得税征收管理的通知》（财税〔2003〕158号）的有关规定，符合以下情形的房屋或其他财产，

不论所有权人是否将财产无偿或有偿交付企业使用，其实质均为企业对个人进行了实物性质的分配，应依法计征个人所得税。

（一）企业出资购买房屋及其他财产，将所有权登记为投资者个人、投资者家庭成员或企业其他人员的；

（二）企业投资者个人、投资者家庭成员或企业其他人员向企业借款用于购买房屋及其他财产，将所有权登记为投资者、投资者家庭成员或企业其他人员，且借款年度终了后未归还借款的。

二、对个人独资企业、合伙企业的个人投资者或其家庭成员取得的上述所得，视为企业对个人投资者的利润分配，按照"个体工商户的生产、经营所得"项目计征个人所得税；对除个人独资企业、合伙企业以外其他企业的个人投资者或其家庭成员取得的上述所得，视为企业对个人投资者的红利分配，按照"利息、股息、红利所得"项目计征个人所得税；对企业其他人员取得的上述所得，按照"工资、薪金所得"项目计征个人所得税。

（3）《国家税务总局关于印发〈个人所得税管理办法〉的通知》（国税发〔2005〕120号）

第三十五条　各级税务机关应强化对个体工商户、个人独资企业和合伙企业投资者以及独立从事劳务活动的个人的个人所得税征管。

（四）加强个人投资者从其投资企业借款的管理，对期限超过一年又未用于企业生产经营的借款，严格按照有关规定征税。

（四）如果公司亏损还能向股东分红吗？

如果公司只是当年度亏损，但累计未分配利润为盈利时，公司可以对股东分红,在分配总额未超过累计未分配利润的情况下,相当于分配以前年度的税后利润。

如果公司当年度亏损,以前年度累计未分配利润也为亏损,也就是说公司账面并没有未分配利润,是不能分配利润的,如果违反公司法分配了利润,公司股东必须将违反规定分配的利润退还给公司。

如果公司以前年度亏损,当年度盈利,必须先弥补以前年度亏损和提取法定盈余公积金后所余的税后利润,才可以进行分红。

【小贴士】

《中华人民共和国公司法》

第一百六十六条　法定公积金与任意公积金

公司分配当年税后利润时,应当提取利润的百分之十列入公司法定公积金。公司法定公积金累计额为公司注册资本的百分之五十以上的,可以不再提取。

公司的法定公积金不足以弥补以前年度亏损的,在依照前款规定提取法定公积金之前,应当先用当年利润弥补亏损。

公司从税后利润中提取法定公积金后,经股东会或者股东大会决议,还可以从税后利润中提取任意公积金。

公司弥补亏损和提取公积金后所余税后利润,有限责任公司依照本法第三十四条的规定分配;股份有限公司按照股东持有的股份比例分配,但股份有限公司章程规定不按持股比例分配的除外。

股东会、股东大会或者董事会违反前款规定,在公司弥补亏损和提取法定公积金之前向股东分配利润的,股东必须将违反规定分配的利润退还公司。

公司持有的本公司股份不得分配利润。

（五）股权代持的情况下，取得分红款要缴两遍税吗？

股权代持在实务中很普遍，它其实是一种委托持股方式，委托人委托受托人代为持有目标公司的股份，双方签订的代持股协议在法律上也是认可有效的。但在税法上，并没有显名股东与隐名股东的区别，税法上的股东就是公司在办理工商注册登记时所显示的股东名册上的股东。

所以，当显名股东为自然人时，取得分红款需要按照"股息红利所得"缴纳个人所得税；当显名股东为公司时，其收到的股息红利，符合条件的可以按规定适用免税政策。

显名股东把税后的分红款转给隐名股东还需要重复缴税吗？

这个需要视隐名股东的身份类型来认定：

如果隐名股东是自然人，显名股东将取得的税后股息红利所得，转付给隐名股东（自然人），不属于法律规定应当缴纳个人所得税的所得，不用缴纳个人所得税。

如果隐名股东是公司，隐名股东（企业）从显名股东取得基于代持合同关系产生的所得，不属于法定的不征税收入和免税收入，应当按照企业所得税法规定缴纳企业所得税，不能享受股息红利免税的规定。

【小贴士】

《国家税务总局厦门市税务局关于市十三届政协四次会议第1112号提案办理情况答复的函》（厦税函〔2020〕125号）

（一）关于显名股东纳税义务的认定

根据《中华人民共和国税收征收管理法实施细则》第三条第二款规定："纳税人应当依照税收法律、行政法规的规定履行纳税义务；其签订的合同、协议等与税收法律、行政法规相抵触的，一律无效。"

显名股东作为登记在股东名册上的股东，可以依股东名册主张行使股东权利，依据《中华人民共和国企业所得税法》《中华人民共和国个人所得税法》，是符合税法规定的转让股权和取得投资收益的纳税人，其取得股息红利所得、股权转让所得，应当依法履行纳税义务。

《公司注册资本登记管理规定》（国家工商行政管理总局令第64号）第八条"股东或者发起人必须以自己的名义出资"，明确了行政管理的方式是要求股东以自己的名义出资。而《最高人民法院关于适用〈中华人民共和国公司法〉若干问题的规定（三）》第二十五条的相关规定，仅说明人民法院认可代持合同具有法律效力，规范的是代持当事人内部的民事法律关系，不属于对《公司注册资本登记管理规定》中关于股东出资规定的调整或变化。

（二）关于隐名股东纳税义务的认定

1.隐名股东为自然人的情形。《中华人民共和国个人所得税法》第二条，明确了应当缴纳个人所得税的九种所得，显名股东将取得的税后股息红利所得、股权转让所得，转付给隐名股东（自然人），不属于法律规定应当缴纳个人所得税的所得。

2.隐名股东为企业的情形。《中华人民共和国企业所得税法》第六条规定，企业以货币形式和非货币形式从各种来源取得的收入，为收入总额，包括其他收入；第七条、第二十六条，分别列明了法定的不征税收入和免税收入。据此，隐名股东（企业）从显名股东取得基于代持合同关系产生的所得，不属于法定的不征税收入和免税收入，应当按照企业所得税法规定缴纳企业所得税。

（三）其他

关于显名股东（企业）取得股息红利后，转付给隐名股东

（企业），隐名股东（企业）是否能够适用"符合条件的居民企业之间的股息、红利等权益性投资收益为免税收入"的问题，由于隐名股东（企业）和显名股东（企业）之间并未构成股权投资关系，隐名股东（企业）从显名股东（企业）取得的收入不符合股息、红利所得的定义，税法也未规定可以"穿透"作为隐名股东（企业）取得权益性投资收益对其免税。

二、增资、减资

（一）增资扩股需要缴所得税吗？

张三持有某公司100%的股权，注册资本和实收资本都是1 200万元，经营了1年，公司资金紧张，打算引入新股东李四，假设李四投入300万元，这样注册资本变为1 500万元，其中张三占80%的股份，李四占20%的股份（见图3-3）。

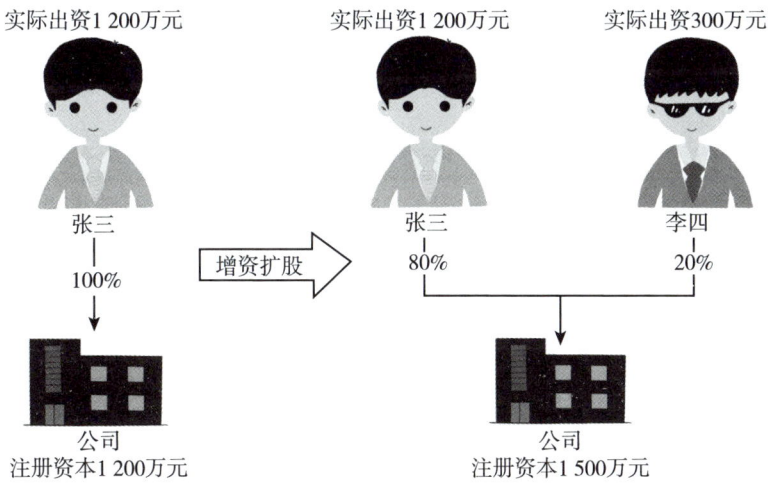

图3-3 增资扩股示意图

请问原股东张三的股权比例由100%降为80%，需要缴个人所得税吗？

我们先来了解一下什么是增资扩股。

增资扩股，其实就是公司为了获得更多的投资资金，由新股东投资入股或者由原股东增加投资扩大股权，这样公司的注册资本会相应增加。

在正常的情况下，公司增资扩股，新股东投入资本金，资金接受方是企业，资金的性质属于企业的资本金，属于法人公司的财产增加。对于原股东而言，只是股权比例降低，在增资过程中并没有发生股权转让的行为，也没有收到相应的对价，因此原股东不需要缴纳个人所得税。

友情提示：

> 所谓的"正常情况"，是指新股东的入股价值要符合公允价值，遵循正常的商业逻辑。如果新股东入股价值不符合公允价值，也不遵循正常的商业逻辑，存在以公司增资扩股的名义进行利益转移嫌疑的，税务局有权按照《个人所得税法》第八条有关反避税条款核定相关各方的个人所得税等。

【总结】增资扩股≠股权转让（见表3-1）

表3-1　　　　股权转让与增资扩股的区别

	股权转让	增资扩股
股权来源	老股转让，存量；钱流向原股东	新股增发，增量；钱流向公司
股权稀释	不稀释	稀释
注册资本	不变	增加
法律程序	30天内通知其他股东 其他股东有优先购买权	需要召开股东会 经2/3表决权的股东同意
税务事项	20%个人所得税或25%企业所得税	不涉税

（1）资金的受让方不同。

增资扩股的资金接受方是企业，不是某一个股东，资金的性质属于企业资本金。

股权转让的资金接受方是原股东，资金的性质属于股权转让的对价。

（2）注册资本的变化不同。

增资扩股会使得企业注册资本增加，而股权转让并不会引起注册资本的变化。

（3）对公司的权利义务不同。

增资扩股中的新股东是否与原始股东一样承担之前的义务，可由协议各方进行约定。

股权转让后，新股东不但继承了原股东在公司的权利，也应当承担原股东相应的义务。

【小贴士】

（1）《国家税务总局关于发布〈股权转让所得个人所得税管理办法（试行）〉的公告》（国家税务总局公告2014年第67号）

第三条 本办法所称股权转让是指个人将股权转让给其他个人或法人的行为，包括以下情形：

（一）出售股权；

（二）公司回购股权；

（三）发行人首次公开发行新股时，被投资企业股东将其持有的股份以公开发行方式一并向投资者发售；

（四）股权被司法或行政机关强制过户；

（五）以股权对外投资或进行其他非货币性交易；

（六）以股权抵偿债务；

(七)其他股权转移行为。

个人股权转让列举的情形中,并不包括企业增资扩股。

(2)《中华人民共和国个人所得税法》

第八条 有下列情形之一的,税务机关有权按照合理方法进行纳税调整:

(一)个人与其关联方之间的业务往来不符合独立交易原则而减少本人或者其关联方应纳税额,且无正当理由;

(二)居民个人控制的,或者居民个人和居民企业共同控制的设立在实际税负明显偏低的国家(地区)的企业,无合理经营需要,对应当归属于居民个人的利润不作分配或者减少分配;

(三)个人实施其他不具有合理商业目的的安排而获取不当税收利益。

税务机关依照前款规定作出纳税调整,需要补征税款的,应当补征税款,并依法加收利息。

(二)未分配利润转增实收资本,股东要缴所得税吗?

未分配利润转增资本,是指将企业历年累计未分配的利润转增实收资本。业务上虽是一件事,但从税务角度来看却是两件事:一是企业将未分配利润先分配给股东,二是股东再用取得的分红款投资到企业。未分配利润转增资本,其实质是投资收益分配的一种转变形式。

那这个过程究竟是否需要缴纳所得税呢?

需要分情况来分析:

如果股东为自然人,未分配利润转增资本,可以理解为:第一步,企业将未分配利润先行分配给股东,这个过程中自然人股东取得的分红款属于"利息、股息、红利所得",须缴纳20%的个人所得税。第二步,自然人股东取得分红款在依法缴纳个人所得税以后,再按照有关规定以货币资金形式投资企业,这个过程不涉及个人所得税的缴纳。

如果股东为法人公司,未分配利润转增资本,可以理解为:第一步,企业将未分配利润先行分配给股东,这个过程中法人股东取得的分红款属于符合条件的居民企业之间的股息、红利等权益性投资收益,可以适用免税政策,这部分分红收益免征企业所得税。第二步,法人股东将取得的分红款投资到企业中,这个过程不涉及企业所得税的缴纳。

友情提示:

(1)自2016年1月1日起,全国范围内的中小高新技术企业以未分配利润、盈余公积、资本公积向个人股东转增股本时,个人股东一次缴纳个人所得税确有困难的,可根据实际情况自行制定分期缴税计划,在不超过5个公历年度内(含)分期缴纳,并将有关资料报主管税务机关备案。

(2)股份制企业用资本公积金(指股份制企业股票溢价发行收入)转增股本不属于股息、红利性质的分配,对个人取得的转增股本数额,不作为个人所得,不征收个人所得税;与此不相符的其他资本公积金分配个人所得部分,应当依法征收个人所得税。

(3)外籍个人从外商投资企业取得的股息、红利所得,暂免征收个人所得税。

【小贴士】

(1)《国家税务总局关于进一步加强高收入者个人所得税征收管理的通知》(国税发〔2010〕54号)

加强企业转增注册资本和股本管理,对以未分配利润、盈余公积和除股票溢价发行外的其他资本公积转增注册资本和股本的，要按照"利息、股息、红利所得"项目，依据现行政策规定计征个人所得税。

（2）《中华人民共和国个人所得税法》

第三条　个人所得税的税率：

（三）利息、股息、红利所得，财产租赁所得，财产转让所得和偶然所得，适用比例税率，税率为百分之二十。

第六条　应纳税所得额的计算：

（六）利息、股息、红利所得和偶然所得，以每次收入额为应纳税所得额。

（3）《中华人民共和国企业所得税法》

第二十六条规定，企业的下列收入为免税收入：

（二）符合条件的居民企业之间的股息、红利等权益性投资收益。

（4）《中华人民共和国企业所得税法实施条例》

第八十三条规定，企业所得税法第二十六条第（二）项所称符合条件的居民企业之间的股息、红利等权益性投资收益，是指居民企业直接投资于其他居民企业取得的投资收益。企业所得税法第二十六条第（二）项和第（三）项所称股息、红利等权益性投资收益，不包括连续持有居民企业公开发行并上市流通的股票不足12个月取得的投资收益。

（5）《中华人民共和国公司法》

第一百六十八条　公积金的用途

法定公积金转为资本时，所留存的该项公积金不得少于转增前公司注册资本的百分之二十五。

（6）《财政部 国家税务总局关于将国家自主创新示范区有关税收试点政策推广到全国范围实施的通知》（财税〔2015〕116号）

三、关于企业转增股本个人所得税政策

1. 自2016年1月1日起，全国范围内的中小高新技术企业以未分配利润、盈余公积、资本公积向个人股东转增股本时，个人股东一次缴纳个人所得税确有困难的，可根据实际情况自行制定分期缴税计划，在不超过5个公历年度内（含）分期缴纳，并将有关资料报主管税务机关备案。

2. 个人股东获得转增的股本，应按照"利息、股息、红利所得"项目，适用20%税率征收个人所得税。

（7）《国家税务总局关于股份制企业转增股本和派发红股征免个人所得税的通知》（国税发〔1997〕198号）

一、股份制企业用资本公积金转增股本不属于股息、红利性质的分配，对个人取得的转增股本数额，不作为个人所得，不征收个人所得税。

二、股份制企业用盈余公积金派发红股属于股息、红利性质的分配，对个人取得的红股数额，应作为个人所得征税。

（8）《财政部 国家税务总局关于个人所得税若干政策问题的通知》（财税字〔1994〕20号）

二、下列所得，暂免征收个人所得税

（八）外籍个人从外商投资企业取得的股息、红利所得。

（三）自然人股东减资或者撤资，需要缴纳个人所得税吗？

股东对外投资后，由于被投资企业资金充足、经营前景堪忧、经营战略调整等原因,会对被投资企业进行撤资或者减资处理,这也是股东退出的常见方式。但撤资、减资与股权转让还是存在差异的。

"股权转让"是公司股东将自己的股份有偿转让给其他人,属于新旧股东之间的事情,最终会导致企业股东发生变化。例如某公司的原始股东为张三,注册资本为100万元,他将其持有的公司全部股权转让给李四,对于公司来说,注册资本不变,只是股东由张三变成了李四(见图3-4)。

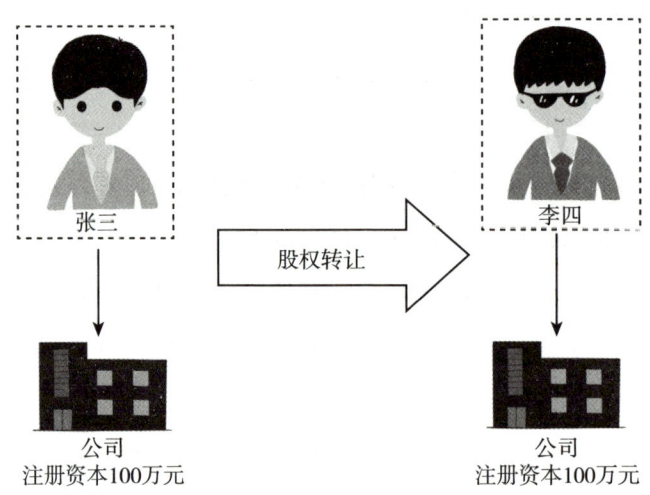

图3-4 股权转让示意图

"撤资"是指公司股东以退股方式从被投资企业撤回长期股权投资,是股东与被投资企业之间的事情,最终会导致股东人数减少、注册资本减少。例如某公司有3个股东,张三、李四、王五各出资200万元,公司注册资本为600万元。现在张三打算撤回投资,这样公司的注册资本由原来的600万元变为400万元,股东由3个变成2个,只有李四和王五(见图3-5)。

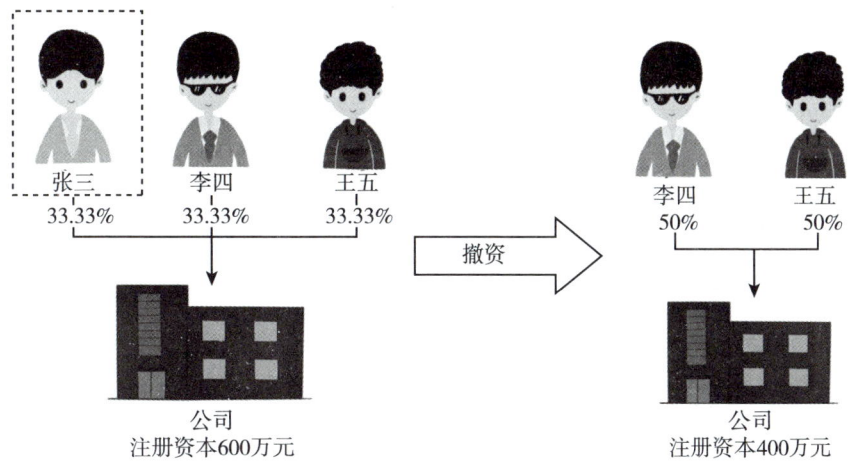

图 3-5　撤资示意图

"减资"是公司股东收回部分投资,虽然继续保留对公司的持股,但持股份额减少了,属于股东与被投资企业之间的事情,最终会导致公司注册资本减少。例如某公司有3个股东,张三、李四、王五各出资200万元,公司注册资本为600万元。现在张三打算减少投资100万元,这样公司的注册资本由原来的600万元变为500万元,股东人数不变,还是张三、李四和王五,但3个人的持股比例会发生变化(见图3-6)。

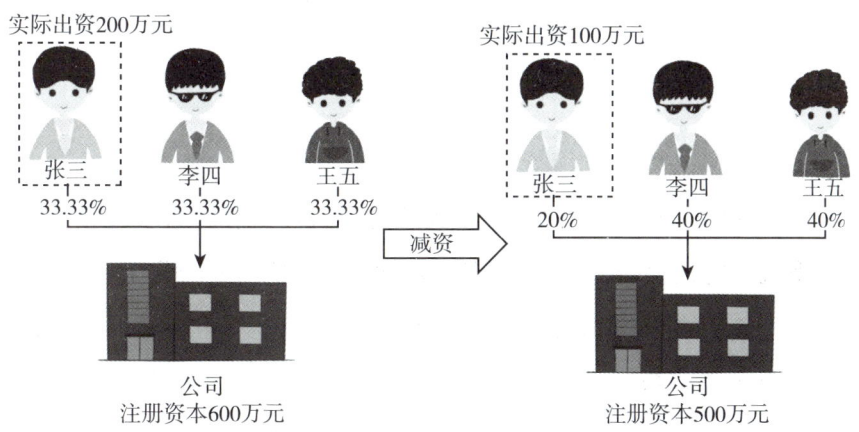

图 3-6　减资示意图

对于自然人股东来说，减资或者撤资是否需要缴纳个人所得税，要看股东从被投资企业分回的资产多少。如果取得的收入低于或者等于其初始投资额，是不需要缴纳个人所得税的；如果取得的收入高于初始投资额，超出的部分需要按照财产转让所得，适用20%的税率来计算缴纳个人所得税。

友情提示：

若被投资企业属于外商投资企业，其外籍个人股东进行减资或撤资时，分回的资产中对应的属于股息性的收益可以享受免征个人所得税的优惠。

【例3-1】

假设张三持有甲公司10%的股权，甲公司注册资本和实收资本都是2 000万元，年末甲公司留存收益（盈余公积、未分配利润）为1 000万元，股东张三打算撤资，甲公司按照其股权比例计算需支付的对价为300万元，采用货币支付的方式。

要求： 请问张三需要缴纳个人所得税吗？

解析：

张三的初始投资成本=2 000×10%=200（万元）

张三需缴纳的个人所得税=（300-200）×20%=20（万元）

【小贴士】

（1）《国家税务总局关于个人终止投资经营收回款项征收个人所得税问题的公告》（国家税务总局2011年第41号公告）

个人因各种原因终止投资、联营、经营合作等行为，从被投资企业或合作项目、被投资企业的其他投资者以及合作项目的经营合作人取得股权转让收入、违约金、补偿金、赔偿金及以其他名目收回的款项等，均属于个人所得税应税收入，应按照"财产转让所得"项目适用的规定计算缴纳个人所得税。

应纳税所得额的计算公式如下：

应纳税所得额=个人取得的股权转让收入、违约金、补偿金、赔偿金及以其他名目收回款项合计数－原实际出资额（投入额）及相关税费。"

（2）《财政部 国家税务总局关于个人所得税若干政策问题的通知》（财税字〔1994〕20号）

二、下列所得，暂免征收个人所得税

（八）外籍个人从外商投资企业取得的股息、红利所得。

（四）法人股东减资或者撤资，需要缴企业所得税吗？

甲公司的注册资本和实收资本均为2 000万元，其中法人股东乙公司持有甲公司20%的股份，乙公司拟撤资，截至乙公司撤资前，甲公司账面的留存收益为1 000万元（盈余公积、未分配利润）。经股东会决议，甲公司向法人股东乙公司支付的对价为800万元，以货币资金的方式支付。

请问乙公司需要缴纳企业所得税吗（假设企业所得税税率为25%，暂不考虑其他税费）？

针对乙公司撤资收回的款项，我们先进行一下拆分：

（1）乙公司的初始投资成本=2 000×20%=400（万元）

其收回的款项中这400万元属于投资成本的收回，不涉及缴企业所得税。

（2）甲公司留存收益为1 000万元，其中归属于乙公司的份额为

1 000×20%=200万元。

其收回的款项中这200万元属于收回的股息所得,对于符合条件的居民企业之间的股息、红利等权益性投资收益,可以适用免税政策,这部分分红收益是免征企业所得税的。

(3)法人股东乙公司收回的款项中剩余的部分=800-400-200=200万元,这部分属于投资资产的转让所得,需缴纳的企业所得税=200×25%=50万元。

【总结】

针对法人股东减资或撤资收回的资产一共分为三个部分:

第一部分是投资成本的收回,第二部分是收回的股息所得,第三部分是投资资产转让所得。

法人股东减资或撤资收回的股息所得免征企业所得税,只有第三部分投资资产转让所得才需要缴纳企业所得税款。

【小贴士】

《国家税务总局关于企业所得税若干问题的公告》(国家税务总局公告2011年第34号)

第五条规定:"投资企业从被投资企业撤回或减少投资,其取得的资产中,相当于初始出资的部分,应确认为投资收回;相当于被投资企业累计未分配利润和累计盈余公积按减少实收资本比例计算的部分,应确认为股息所得;其余部分确认为投资资产转让所得。

被投资企业发生的经营亏损,由被投资企业按规定结转弥补;投资企业不得调整减低其投资成本,也不得将其确认为投资损失。"

三、股权转让

(一)股权转让业务中,究竟谁才是纳税人?

对企业来说,股权转让是一项重大变更,股权转让的涉税业务也不是一项经常性的业务,具有一定的偶发性。实务中很多企业发生股权转让业务时,往往分不清纳税主体,引发一些潜在的税务风险。

其实,股权转让是股东之间的事情,股权转让分为出让人(卖方)和受让人(买方),出让人出让股权获得收益,对股权转让溢价的部分需缴纳所得税,而受让人是不需要缴纳所得税的。

【例3-2】

张三、李四共同成立了甲公司,注册资本100万元,双方各占50%的股权(见图3-7),均未实缴,实收资本是0,现在公司经营产生的累计未分配利润为60万元。股东李四计划以30万元的价格将其50%的股份转让给王五。

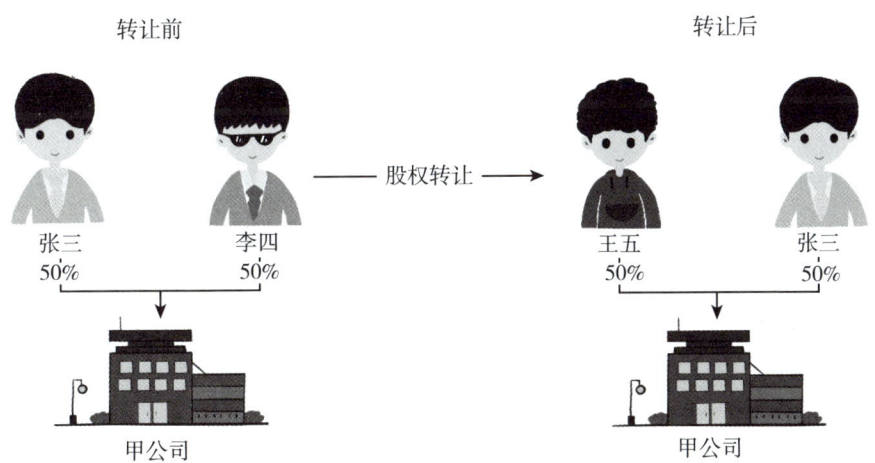

图3-7 股权转让中谁是纳税人

要求：

（1）请问股权转让业务中，交易的双方都是谁？

（2）这30万元的转让款由谁来支付？

（3）股权转让过程中产生的个人所得税是由哪一方来承担？

（4）谁是纳税人？谁又是扣缴义务人？

解析：

首先，确认一下交易双方都是谁。

出让人（卖方）是李四，受让人（买方）是王五（见图3-8）。

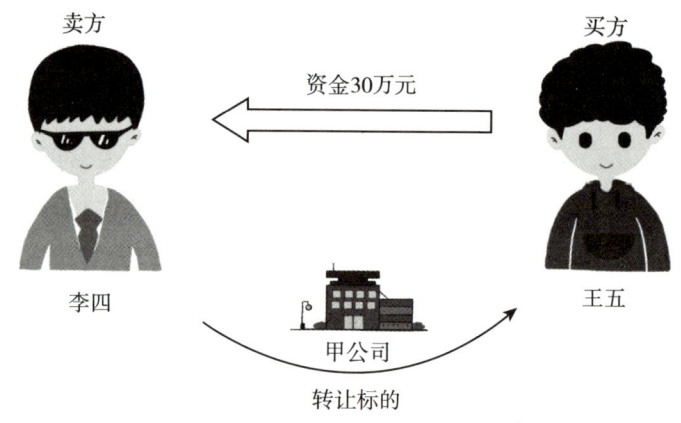

图3-8　股权转让交易

其次，确认一下这30万元股权转让款是由谁支付给谁？

按照交易常识，这30万元是由买方王五直接支付给卖方李四，与甲公司是无关的，资金流不需要经过甲公司。

最后，确认谁是这项股权交易中的纳税人？

卖方李四以30万元的价格转让股权，因股东李四并未实缴出资，投资成本是0元，这样转让过程中就产生了30万元的所得。针对这部分转让所得，李四需要按照"财产转让所得"来缴纳个人所得税（税率20%）。

理清了以上三点，我们再来看整个转让交易，其实与甲公司并没有直接的资金往来关系，是属于出让方（卖方）李四与受让方（买方）王五之间的事，而新股东王五作为支付方还有为原股东李四代扣代缴个人所得税的义务。

综上，出让方（卖方）李四属于纳税人，受让方（买方）王五属于扣缴义务人。

友情提示：

> 摆正位置，分清角色，股权转让才能规避不必要的风险。

【小贴士】

《国家税务总局关于发布〈股权转让所得个人所得税管理办法（试行）〉的公告》（国家税务总局公告2014年第67号）

第五条规定，个人股权转让所得个人所得税，以股权转让方为纳税人，以受让方为扣缴义务人。

（二）自然人股东办理股权转让，都需要缴哪些税？

2017年5月，张三以现金200万元创办一家公司，2022年4月，张三以350万元的价格将100%股权转让给了李四（见图3-9），转让基准日公司的净资产为350万元（实收资本为200万元，盈余公积和未分配利润为150万元）。

（注：产权转移书据按转让价的0.5‰征收印花税，小微企业减半征收。）

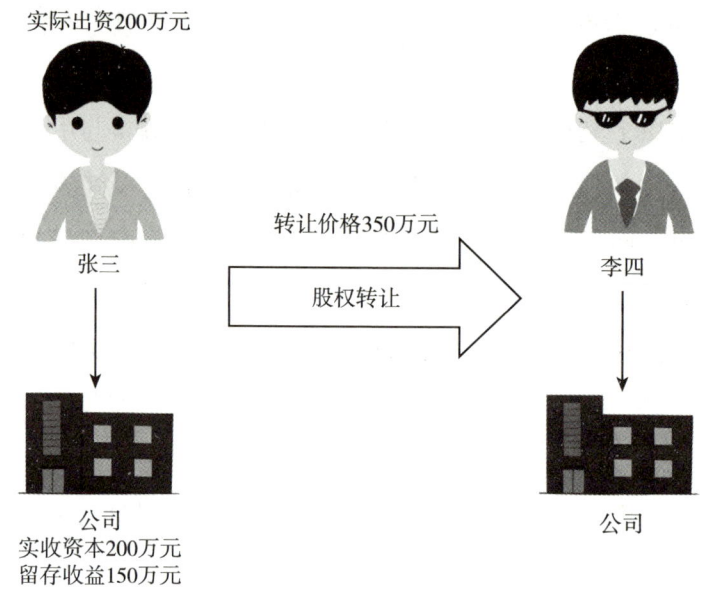

图3-9 自然人股权转让示意图

请问,原股东(出让方)张三和新股东(受让方)李四分别需要缴哪些税?

1.对于原股东(出让方)张三来说,须缴纳印花税和个人所得税

(1)印花税。

属于产权转移书据,按照转让收入的0.5‰减半征收印花税。

印花税=3 500 000×0.5‰×50%=875(元)

(2)个人所得税。

作为自然人股东,需要计算缴纳个人所得税,按照转让收入减除成本及转让过程的税费乘以20%计算。

如案例中所示,张三取得转让收入350万元,实缴的资本金(也就是投资成本)为200万元,缴纳的印花税为875元。

应纳税额=(股权转让收入−股权原值−合理费用)×20%

=（350-200-0.0875）×20%

=29.9825（万元）

【友情提示】

（1）纳税人与扣缴义务人。

张三作为股权转让方，为纳税人，李四作为受让方，为扣缴义务人。

（2）纳税地点。

股权转让所得纳税人需要在被投资企业所在地办理纳税申报，而不是自然人股东所在地，也不是受让方所在地或主管税务机关。

（3）法律责任。

纳税人未按照规定期限缴纳税款的，扣缴义务人未按照规定期限解缴税款的，税务机关除责令限期缴纳外，从滞纳税款之日起，按日加收滞纳税款0.5‰的滞纳金。

（4）特殊情况下涉及土地增值税。

如果自然人所在企业的股权里面仅仅只有房屋、土地这些不动产，在采取一次性股权转让的情况下，或者股权转让金额等同于土地房地产的评估值时，根据实质重于形式的原则，需要缴纳土地增值税。

2.对于新股东（受让方）李四来说，只须缴纳印花税

股权转让的双方都须按"产权转移书据"缴纳印花税，按照转让收入的0.5‰减半征收印花税。

印花税=3 500 000×0.5‰×50%=875（元）

【小贴士】

(1)《中华人民共和国印花税法》

印花税税率表见表3-2。

表3-2　　　　　　　　印花税税率表

	税目	税率
产权转移书据	股权转让书据（不包括应缴纳证券交易印花税的）	价款的万分之五

第十条　同一应税凭证由两方以上当事人书立的，按照各自涉及的金额分别计算应纳税额。

第二十条　本法自2022年7月1日起施行。

(2)《财政部 税务总局关于进一步实施小微企业"六税两费"减免政策的公告》（财政部 税务总局公告2022年第10号）

一、由省、自治区、直辖市人民政府根据本地区实际情况，以及宏观调控需要确定，对增值税小规模纳税人、小型微利企业和个体工商户可以在50%的税额幅度内减征资源税、城市维护建设税、房产税、城镇土地使用税、印花税（不含证券交易印花税）、耕地占用税和教育费附加、地方教育附加。

四、本公告执行期限为2022年1月1日至2024年12月31日。

(3)国家税务总局关于发布《股权转让所得个人所得税管理办法（试行）》的公告（国家税务总局公告2014年第67号）

第四条　个人转让股权，以股权转让收入减除股权原值和合理费用后的余额为应纳税所得额，按"财产转让所得"缴纳个人所得税。

合理费用是指股权转让时按照规定支付的有关税费。

（4）《国家税务总局关于以转让股权名义转让房地产行为征收土地增值税问题的批复》（国税函〔2000〕687号）

广西壮族自治区地方税务局：

你局《关于以转让股权名义转让房地产行为征收土地增值税问题的请示》（桂地税报〔2000〕32号）收悉。鉴于深圳市能源集团有限公司和深圳能源投资股份有限公司一次性共同转让深圳能源（钦州）实业有限公司100%的股权，且这些以股权形式表现的资产主要是土地使用权、地上建筑物及附着物，经研究，对此应按土地增值税的规定征税。

（5）《国家税务总局关于天津泰达恒生转让土地使用权土地增值税征缴问题的批复》（国税函〔2011〕415号）

天津市地方税务局：

你局《关于泰达恒生转让土地使用权土地增值税征缴问题的请示（津地税办〔2011〕6号）收悉。

经研究，同意你局关于"北京国泰恒生投资有限公司利用股权转让方式让渡土地使用权，实质是房地产交易行为"的认定，应依照《土地增值税暂行条例》的规定，征收土地增值税。

（6）《国家税务总局关于土地增值税相关政策问题的批复》（国税函〔2009〕387号）

鉴于广西玉柴营销有限公司在2007年10月30日将房地产作价入股后，于2007年12月6日、18日办理了房地产过户手续，同月25日即将股权进行了转让，且股权转让金额等同于房地产的评估值。因此，我局认为这一行为实质上是房地产交易行为，应按规定征收土地增值税。

(三)法人股东办理股权转让,都需要缴哪些税?

2018年4月,甲公司出资500万元成立了一家公司,2022年3月,甲公司以700万元的价格将100%股权转让给乙公司(见图3-10),转让基准日标的公司的净资产为700万元(其中实收资本为500万元,盈余公积和未分配利润为200万元)。假设甲、乙公司均为小微企业。

(注:产权转移书据按转让价的万分之五征收印花税,小微企业减半征收。)

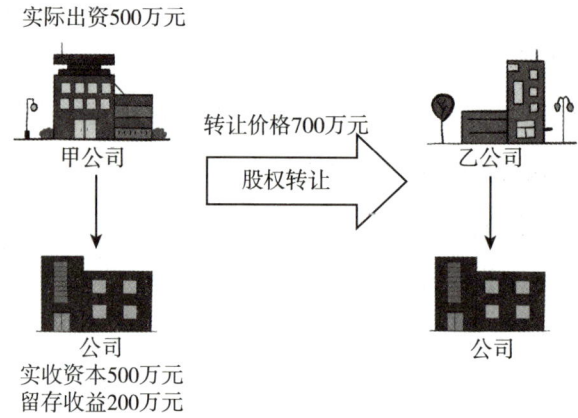

图3-10 法人股东股权转让

请问,原股东(出让方)甲公司和新股东(受让方)乙公司分别需要缴哪些税?

1.对于原股东(出让方)甲公司来说,须缴纳印花税和企业所得税

(1)印花税。

属于产权转移书据,按照转让收入的0.5‰征收印花税,因甲公司属于小微企业,可以减半征收。

需缴纳的印花税=700×0.5‰×50%=0.175(万元)

（2）企业所得税。

转让股权收入扣除为取得该股权所发生的成本费用后，为股权转让所得。

甲公司股权转让收入为700万元，投资成本为500万元，缴纳的印花税为0.175万元。

股权转让实现的所得为199.825（700-500-0.175）万元，须并入企业的应纳税所得，依法缴纳企业所得税。

【友情提示】

企业在计算股权转让所得时，不得扣除被投资企业未分配利润等股东留存收益中按该项股权所可能分配的金额。

若被投资企业有未分配利润，建议先分配利润再进行股权转让，因投资方分得的股息、红利免征企业所得税，可合理降低转让定价。

2.对于新股东（受让方）乙公司来说，只须缴纳印花税

股权转让的双方都须按"产权转移书据"缴纳印花税，因乙公司属于小微企业，可以按照转让收入的0.5‰减半征收印花税。

印花税=700×0.5‰×50%=0.175（万元）

【小贴士】

（1）《中华人民共和国企业所得税法实施条例》

第十六条　企业所得税法第六条第（三）项所称转让财产收入，是指企业转让固定资产、生物资产、无形资产、股权、债权等财产取得的收入。

第七十一条　企业所得税法第十四条所称投资资产，是指企业对外进行权益性投资和债权性投资形成的资产。

企业在转让或者处置投资资产时，投资资产的成本，准予扣除。

投资资产按照以下方法确定成本：

（一）通过支付现金方式取得的投资资产，以购买价款为成本；

（二）通过支付现金以外的方式取得的投资资产，以该资产的公允价值和支付的相关税费为成本。

第八十三条　企业所得税法第二十六条第（二）项所称符合条件的居民企业之间的股息、红利等权益性投资收益，是指居民企业直接投资于其他居民企业取得的投资收益。

（2）《国家税务总局关于贯彻落实企业所得税法若干税收问题的通知》（国税函2010年79号）

三、关于股权转让所得确认和计算问题

企业转让股权收入，应于转让协议生效、且完成股权变更手续时，确认收入的实现。转让股权收入扣除为取得该股权所发生的成本后，为股权转让所得。企业在计算股权转让所得时，不得扣除被投资企业未分配利润等股东留存收益中按该项股权所可能分配的金额。

（3）《中华人民共和国企业所得税法》

第二十六条　企业的下列收入为免税收入：

（二）符合条件的居民企业之间的股息、红利等权益性投资收益。

（4）《中华人民共和国印花税法》

印花税税率表见表3-3。

表3-3　　　　　　　　印花税税率表

	税目	税率
产权转移书据	股权转让书据（不包括应缴纳证券交易印花税的）	价款的万分之五

第十条　同一应税凭证由两方以上当事人书立的，按照各自涉及的金额分别计算应纳税额。

第二十条　本法自2022年7月1日起施行。

（5）《财政部 税务总局关于进一步实施小微企业"六税两费"减免政策的公告》（财政部 税务总局公告2022年第10号）

一、由省、自治区、直辖市人民政府根据本地区实际情况，以及宏观调控需要确定，对增值税小规模纳税人、小型微利企业和个体工商户可以在50%的税额幅度内减征资源税、城市维护建设税、房产税、城镇土地使用税、印花税（不含证券交易印花税）、耕地占用税和教育费附加、地方教育附加。

四、本公告执行期限为2022年1月1日至2024年12月31日。

（四）公司有利润的情况下，"直接转让"与"先分红后转让"，哪种更节税？

乙公司与张三共同投资设立甲公司。其中，乙公司投资80万元，持股比例为80%；张三投资20万元，持股比例为20%。甲公司经评估净资产为500万元，期末账面未分配利润300万元，现乙公司、张三拟将其持有的甲公司的股份全部转给丙公司（见图3-11）。

对于乙公司和张三来说，"直接股权转让"与"先分红后转让"，哪种更节税？

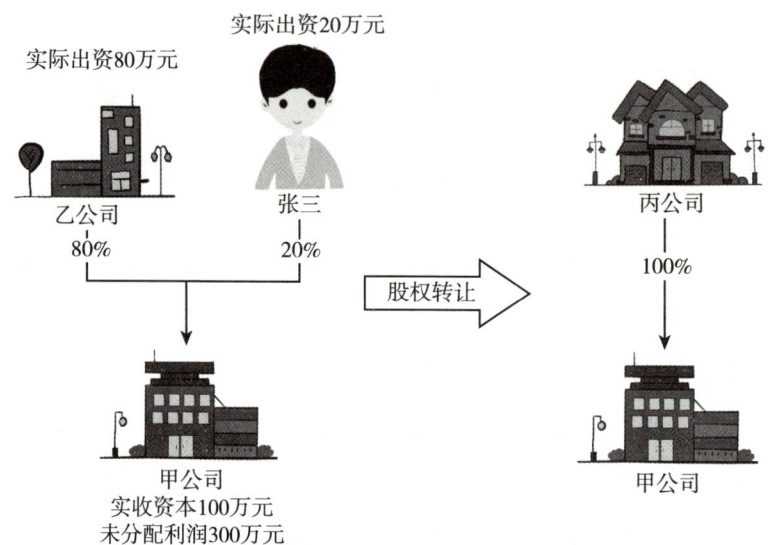

图 3-11 "直接转让"与"先分后转"

（注：暂不考虑印花税影响，企业所得税税率按25%来计算。）

1.对于乙公司

（1）方案一：直接股权转让。

转让收入 =500×80%=400（万元）

转让所得 =400-80=320（万元）

甲公司就股转收益需缴纳的企业所得税 =320×25%=80（万元）

实际收益（股权转让收益）=320-80=240（万元）

（2）方案二：先分红再股权转让。

将甲公司300万元的未分配利润先进行分配，这样乙公司可分到股息240（300×80%）万元，由于甲公司分红，导致其评估后净资产变为200（500-300）万元。

乙公司就分得的股息需缴纳的企业所得税为0，因为居民企业间股息红利分配是免税的。

分红收益 =240−0=240（万元）

转让价格 =200×80%=160（万元）

转让所得 =160−80=80（万元）

乙公司就股转收益需缴纳的企业所得税 =80×25%=20（万元）

股权转让收益 =80−20=60（万元）

实际收益（即分红＋股权转让收益）=240+60=300（万元）

综上，方案二较方案一而言，乙公司多取得实际收益 60（300−240）万元。

对于乙公司而言，先分红后股权转让节税效果更优。

2.对于张总

（1）方案一：直接股权转让。

转让收入 =500×20%=100（万元）

转让所得 =100−20=80（万元）

张总就股转收益需缴纳的个人所得税 =80×20%=16（万元）

实际收益（股权转让收益）=80−16=64（万元）

（2）方案二：先分红再股权转让。

将甲公司 300 万元的未分配利润先进行分配，这样张总可分到股息 60（300×20%）万元，由于甲公司分红，导致其评估后净资产为 200（500−300）万元。

张总就分得的股息需缴纳的个人所得税 =60×20%=12（万元）

分红收益 =60−12=48（万元）

转让价格 =200×20%=40（万元）

转让所得 =40−20=20（万元）

张总就股转收益需缴纳的个人所得税 =20×20%=4（万元）

股权转让收益=20-4=16（万元）

实际收益（分红+股权转让收益）=48+16=64（万元）

综上，方案一与方案二实现的收益是一样的。

对于张总而言，"直接转让"还是"先分红后转让"的税收成本并无区别。

【友情提示】

对于自然人之间的股权转让，如果转让前不分红而是等买完以后再分红，这样个人所得税税负相当于由卖方转嫁给了买方。

【总结】

"直接股权转让"与"先分红后转让"，哪种更节税？

需要根据转让方股东的身份来判断：

对于法人股东来说，因"符合条件的居民企业之间的股息、红利等权益性投资收益免税"，所以，先分红可以降低标的公司的净资产，从而降低股权转让收入，达到节税目的。

对于自然人股东来说，分配股息红利的税率是20%，股权转让个人所得税税率也是20%，先分红后转让并不能达到节税目的。

【小贴士】

（1）《中华人民共和国个人所得税法》

第三条 个人所得税的税率：

（三）利息、股息、红利所得，财产租赁所得，财产转让所得和偶然所得，适用比例税率，税率为百分之二十。

（2）《中华人民共和国企业所得税法》

第二十六条规定，企业的下列收入为免税收入：

（二）符合条件的居民企业之间的股息、红利等权益性投资收益。

（3）《国家税务总局关于发布〈股权转让所得个人所得税管理办法（试行）〉的公告》（国家税务总局公告2014年第67号）

第四条　个人转让股权，以股权转让收入减除股权原值和合理费用后的余额为应纳税所得额，按"财产转让所得"缴纳个人所得税。

合理费用是指股权转让时按照规定支付的有关税费。

（4）《国家税务总局关于贯彻落实企业所得税法若干税收问题的通知》（国税函2010年79号）

三、关于股权转让所得确认和计算问题

企业转让股权收入，应于转让协议生效且完成股权变更手续时，确认收入的实现。转让股权收入扣除为取得该股权所发生的成本后，为股权转让所得。企业在计算股权转让所得时，不得扣除被投资企业未分配利润等股东留存收益中按该项股权所可能分配的金额。

（五）股东注册资金实缴为0元，股权可以按0元或1元转让吗？

1.先说明一下何为"认缴出资"、何为"实缴出资"

现在注册资本实行认缴登记制，由股东自主约定认缴出资额、出资方式、出资期限等，并对缴纳出资的真实性、合法性负责。所以公司在设立之初会通过工商系统登记注册资本，其实就是股东认缴的出资额，不需要立刻就投入公司。而实缴出资则是各股东根据公司章程的相关约定在一定期限内逐步向公司投入的资本金。

【友情提示】

在实务中很多股东替公司垫付相关支出，并未登记成实缴出资，转账时也没有备注"投资款"，这其实属于借款性质，不属于股东获得相应股权所实际投入的出资。

2.实收资本为0元，股权转让时可以0元或1元确认转让收入吗？

其实这个认知是错误的，股东实缴为0元，说明公司自成立以来股东还没有出资，若股东要转让其持有的股权，他的股权原值为0元，并不代表股权转让的收入可以是0元，股权转让收入应当按照公平交易原则来确定。

尽管股权转让价格属于股东和第三方之间自愿协商的事项，但也要有相应的合理和合法依据，特别是基于税务因素的考虑，会从以下几个方面来核实：

（1）核实申报的股权转让收入是否低于股权对应的净资产份额；

（2）核实申报的股权转让收入是否低于初始投资成本；

（3）核实申报的股权转让收入是否低于取得该股权所支付的价款及相关税费；

（4）核实申报的股权转让收入是否属于合理的无偿让渡股权或股份等。

这几项中最重要的当属"股权对应的净资产份额"。

如果公司财务状况良好，账面留存了大额未分配利润，股权转让时按照0元或者1元确认转让收入显然是不合理的。

若是申报的股权转让收入低于股权对应的净资产份额的，则视为股权转让收入明显偏低，税务机关有权核定转让价格。

【友情提示】

自然人股东将股权转让给配偶、父母、子女、祖父母、外祖父母、孙子女、外孙子女、兄弟姐妹以及对转让人承担直接抚养或者赡养义务的抚养人或者赡养人，视为计税依据明显偏低但有合理理由。

【总结】

股权转让定价不是两方老板一拍脑袋一握手就达成一致的事情，需要结合各种因素，平衡各方权利和成本，形成一个明确的定价，最终保证股权转让交易的合理合法合规。

【小贴士】

《国家税务总局关于发布〈股权转让所得个人所得税管理办法（试行）〉的公告》（国家税务总局公告2014年第67号）

第十二条 符合下列情形之一，视为股权转让收入明显偏低：

（一）申报的股权转让收入低于股权对应的净资产份额的。其中，被投资企业拥有土地使用权、房屋、房地产企业未销售房产、知识产权、探矿权、采矿权、股权等资产的，申报的股权转让收入低于股权对应的净资产公允价值份额的；

（二）申报的股权转让收入低于初始投资成本或低于取得该股权所支付的价款及相关税费的；

（三）申报的股权转让收入低于相同或类似条件下同一企业同一股东或其他股东股权转让收入的；

（四）申报的股权转让收入低于相同或类似条件下同类行业的

企业股权转让收入的；

（五）不具合理性的无偿让渡股权或股份；

（六）主管税务机关认定的其他情形。

第十三条　符合下列条件之一的股权转让收入明显偏低，视为有正当理由：

（一）能出具有效文件，证明被投资企业因国家政策调整，生产经营受到重大影响，导致低价转让股权；

（二）继承或将股权转让给其能提供具有法律效力身份关系证明的配偶、父母、子女、祖父母、外祖父母、孙子女、外孙子女、兄弟姐妹以及对转让人承担直接抚养或者赡养义务的抚养人或者赡养人；

（三）相关法律、政府文件或企业章程规定，并有相关资料充分证明转让价格合理且真实的本企业员工持有的不能对外转让股权的内部转让；

（四）股权转让双方能够提供有效证据证明其合理性的其他合理情形。

第十四条　主管税务机关应依次按照下列方法核定股权转让收入：

（一）净资产核定法

股权转让收入按照每股净资产或股权对应的净资产份额核定。

被投资企业的土地使用权、房屋、房地产企业未销售房产、知识产权、探矿权、采矿权、股权等资产占企业总资产比例超过20%的，主管税务机关可参照纳税人提供的具有法定资质的中介机构出具的资产评估报告核定股权转让收入。

6个月内再次发生股权转让且被投资企业净资产未发生重大变化的，主管税务机关可参照上一次股权转让时被投资企业的资产评估报告核定此次股权转让收入。

（二）类比法

1.参照相同或类似条件下同一企业同一股东或其他股东股权转让收入核定；

2.参照相同或类似条件下同类行业企业股权转让收入核定。

（三）其他合理方法

主管税务机关采用以上方法核定股权转让收入存在困难的，可以采取其他合理方法核定。

（六）父亲将股权转让给孩子，可以低价转让不缴个人所得税吗？

很多老板都有这样的想法，等孩子学成归来能子承父业，考虑将一部分股权转让给孩子，让他参与到公司经营中来，使其更有话语权。但一说到股权转让，往往会涉及缴税，老板经常认为，都是一家人，只是换个名字而已，能不能低价转让不缴个人所得税呢？

其实父亲和孩子之间股权转让是可以平价转让或者无偿转让的，这样都不用缴纳个人所得税。

下面我们从三个层面来具体分析一下：

第一个层面，转让、继承给法律身份关系是直系亲属以及承担义务的抚养人或者赡养人的，其转让收入明显偏低，仍可视为有正当理由。

这说明直系亲属间转让定价就算是低于市场公允价也不视为故意逃税，而父亲将股权转让给孩子，属于直系亲属间股权转让，符合上述规定。

第二个层面,股权转让需要以转让收入减去原值和合理税费的所得按20%计算个人所得税。

平价或者无偿转让的情况下都不用缴纳个人所得税。

第三个层面,孩子受让的股权原值是本次父亲的转让收入,只有无偿取得股权的才可以按原持有人原值确认。若是折价转让,其孩子再次转让股权或者清算时,后期面临额外缴纳个人所得税的问题。

【例3-3】

父亲投入100万元取得股权,无偿转让给孩子,假设孩子取得股权时没有花费其他费用。孩子再以500万元转让股权的时候,可以扣除的股权原值是100万元,需缴纳的个人所得税是80〔(500-100)×20%〕万元。

若父亲投入100万元取得股权,以50万元的价格转让给孩子,孩子取得股权时也没有花费其他费用。孩子再以500万元转让股权的时候,可以扣除的股权原值只有50万元了,需缴纳的个人所得税是90〔(500-50)×20%〕万元,额外需多缴10万元个人所得税。

【总结】

符合条件的亲属之间的股权转让,涉税问题并不简单,不仅要考虑本次股转的涉税问题,还要将股转后的涉税问题进行通盘考虑。

综合考量,选择无偿转让或者平价转让更优。

【小贴士】

《国家税务总局关于发布〈股权转让所得个人所得税管理办法(试行)〉的公告》(国家税务总局公告2014年第67号)

第四条 个人转让股权,以股权转让收入减除股权原值和合理费用后的余额为应纳税所得额，按"财产转让所得"缴纳个人所得税。

第十三条　符合下列条件之一的股权转让收入明显偏低，视为有正当理由：

（二）继承或将股权转让给其能提供具有法律效力身份关系证明的配偶、父母、子女、祖父母、外祖父母、孙子女、外孙子女、兄弟姐妹以及对转让人承担直接抚养或者赡养义务的抚养人或者赡养人；

第十五条　个人转让股权的原值依照以下方法确认：

（一）以现金出资方式取得的股权，按照实际支付的价款与取得股权直接相关的合理税费之和确认股权原值；

（三）通过无偿让渡方式取得股权，具备本办法第十三条第二项所列情形的，按取得股权发生的合理税费与原持有人的股权原值之和确认股权原值；

【思考】

家族"钱袋子"公司的股东一般是老板和老板娘，要让子女参与进来吗？有何利弊？

详见本书下篇《股权篇》"家业传承，与子女成立公司就可以吗？"

（七）公司盈利的话，老板可以将股权平价转让给自己和配偶成立的公司吗？

很多老板都有这样的想法：甲公司是我们夫妻俩直接持股的，现在想把股权转让给我们夫妻持股的家族"钱袋子"公司（见图3-12），都是自家的公司，并没有改变实际控制人，相互转让不用缴个人所得税吧？

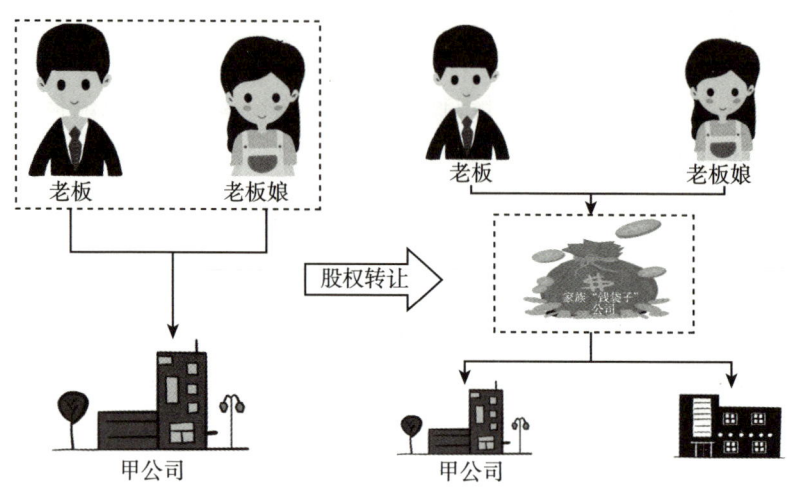

图3-12 自然人与法人股权转让示意图

其实这个认知是错误的，虽然两个公司的实际控制人都是夫妻二人，但股东身份却截然不同，一个是自然人股东持股，一个是法人股东持股，股权转让的方向是股东由自然人变更为法人公司，这属于不同主体之间的股权转让，并不适用于直系亲属间的股权转让。

如果公司盈利的话，平价转让在价格上并不公允，申报的股权转让收入低于股权对应的净资产份额的，视为股权转让收入明显偏低，税务机关有权核定转让价格。

【小贴士】

《国家税务总局关于发布〈股权转让所得个人所得税管理办法（试行）〉的公告》（国家税务总局公告2014年第67号）

第十二条 符合下列情形之一，视为股权转让收入明显偏低：

（一）申报的股权转让收入低于股权对应的净资产份额的。其中，被投资企业拥有土地使用权、房屋、房地产企业未销售房产、知识产权、探矿权、采矿权、股权等资产的，申报的股权转让收入低于股权对应的净资产公允价值份额的；

第十三条　符合下列条件之一的股权转让收入明显偏低，视为有正当理由：

（一）能出具有效文件，证明被投资企业因国家政策调整，生产经营受到重大影响，导致低价转让股权；

（二）继承或将股权转让给其能提供具有法律效力身份关系证明的配偶、父母、子女、祖父母、外祖父母、孙子女、外孙子女、兄弟姐妹以及对转让人承担直接抚养或者赡养义务的抚养人或者赡养人；

（三）相关法律、政府文件或企业章程规定，并有相关资料充分证明转让价格合理且真实的本企业员工持有的不能对外转让股权的内部转让；

（四）股权转让双方能够提供有效证据证明其合理性的其他合理情形。

第十四条　主管税务机关应依次按照下列方法核定股权转让收入：

（一）净资产核定法

股权转让收入按照每股净资产或股权对应的净资产份额核定。

被投资企业的土地使用权、房屋、房地产企业未销售房产、知识产权、探矿权、采矿权、股权等资产占企业总资产比例超过20%的，主管税务机关可参照纳税人提供的具有法定资质的中介机构出具的资产评估报告核定股权转让收入。

（八）为何股权转让时还要出具资产评估报告？

张三持有甲公司100%的股权，目前公司净资产为2 000万元，张三按照2 500万元的价格进行股权转让，但税务机关并不认可，还要求其找具有法定资质的中介机构出具资产评估报告，再按照评估后的资产情况来重新核定股转价格。请问股权转让时为什么还要出具资产评估报告呢？

经沟通了解，甲公司在设立时购买了房产土地，这几年房屋土地溢价不少，因为公司是高新技术企业，公司名下也有不少专利，但这些并未体现在会计报表中。

所以，税务机关在审核转让定价是否公允时，还需要参考中介机构出具的评估报告，很可能评估价大于入账价。如果按评估价算企业净资产是3 000万元，那么转让收入会核定为3 000万元。

【友情提示】

公司名下有以下7种高溢价资产时，如果这部分资产占企业总资产比例超过20%，主管税务机关会要求其找具有法定资质的中介机构出具资产评估报告（见图3–13），若存在评估增值，需按照评估后公允价值确认转让定价。

（1）土地使用权；（2）房屋；（3）房地产企业未销售房产；（4）知识产权；（5）探矿权；（6）采矿权；（7）股权等。

前段时间某自然人办理股权转让，原本是缴纳了1.3万元的个人所得税，结果被税务局认定为股权转让价格明显偏低且无正当理由，需补缴800万元的个人所得税！原因就是公司名下有房产、土地等不动产，资产溢价空间很大，股权转让时参考的依据不只是净资产，还需要参考资产的公允价值（如中介机构出具的资产评估价值）。

图 3-13　股权转让中某税务局的审批意见

【小贴士】

《国家税务总局关于发布〈股权转让所得个人所得税管理办法（试行）〉的公告》（国家税务总局公告2014年第67号）

第十四条　主管税务机关应依次按照下列方法核定股权转让收入：

（一）净资产核定法

股权转让收入按照每股净资产或股权对应的净资产份额核定。

被投资企业的土地使用权、房屋、房地产企业未销售房产、知识产权、探矿权、采矿权、股权等资产占企业总资产比例超过20%的，主管税务机关可参照纳税人提供的具有法定资质的中介机构出具的资产评估报告核定股权转让收入。

> 6个月内再次发生股权转让且被投资企业净资产未发生重大变化的，主管税务机关可参照上一次股权转让时被投资企业的资产评估报告核定此次股权转让收入。

（九）前期股权转让被税务核定调整过，第二次转让的投资成本如何计算？

李四拥有甲公司100%的股权，该股权是李四八年前从张三那里购买的，当时甲公司评估作价1 000万元，所以李四跟张三以评估价1 000万元签订了股权转让合同，并办理完成工商变更登记手续（见图3-14）。但税务局认为价格不公允，将转让价核定调整为2 000万元，张三就按税务局核定调整价缴纳了个人所得税。

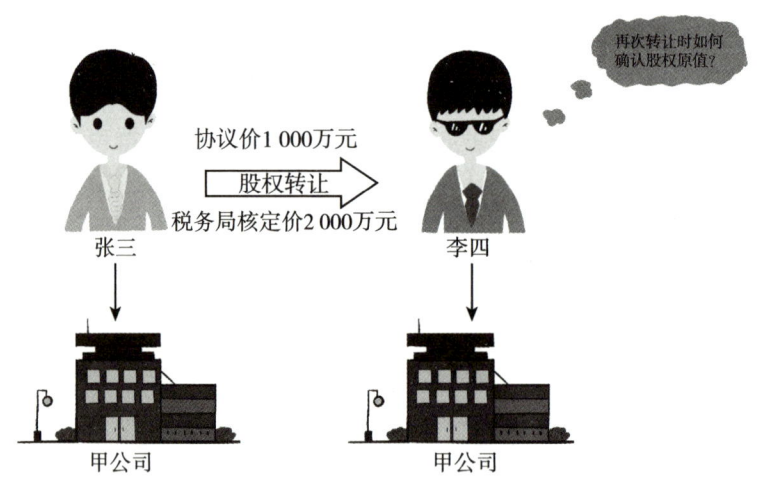

图3-14　前期股转核定后如何确认投资成本

现在李四准备以5 000万元将该公司的股权出售，请问计算个人所得税时，是按当时购买股权时支付的股价1 000万元扣除，还是按照核定价

2 000万元扣除？

李四可以按照核定价2 000万元来扣除。因为李四在获得股权时，原股东张三已经被核定征收过个人所得税，这样李四再次转让时，股权原值可以按照取得股权时发生的合理税费与税务机关核定的转让方（张三）股权转让收入之和来确定，也就是2 000万元及按照"产权转移书据"产生的部分印花税。

【小贴士】

《国家税务总局关于发布〈股权转让所得个人所得税管理办法（试行）〉的公告》（国家税务总局公告2014年第67号）

第十六条 股权转让人已被主管税务机关核定股权转让收入并依法征收个人所得税的，该股权受让人的股权原值以取得股权时发生的合理税费与股权转让人被主管税务机关核定的股权转让收入之和确认。"

（十）个人在股转过程中收取的违约金是否需要申报纳税？

张三转让甲公司的股权给李四，双方约定转让价格为500万元，但过了合同约定的付款期限，李四还迟迟不付，经张三多次催促沟通，双方终于达成共识：李四因违反合同约定，除了要支付500万元的转让款，还需要支付50万元的违约金（见图3-15）。

请问张三在股权转让过程中收取的违约金需要申报缴纳个人所得税吗？

经了解，张三和李四签订了股权转让协议，并且已经完成了工商变更登记手续，这意味着股权转让成功。张三取得的50万元违约金，应并入股权转让收入，按照财产转让所得按20%的税率征收个人所得税10万元。

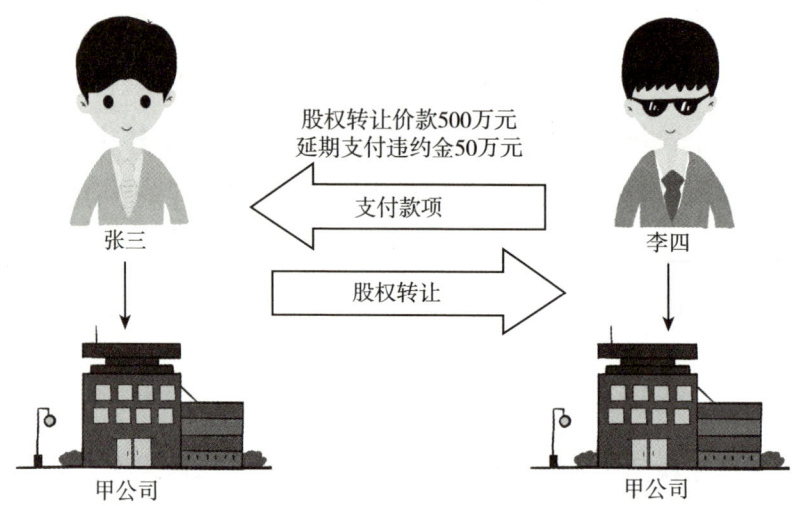

图3–15 违约金是否纳税

【友情提示】

个人股权转让是以股权受让方为扣缴义务人,案例中股权受让方是李四,需要履行代扣代缴个人所得税的义务。

假设上述股权转让尚未办理工商变更手续,此时张三反悔了,经双方协商确定,由张三归还李四股权转让款,还需要向李四支付违约金50万元。此时李四收到的违约金不属于个人所得税的征收范围,是不需要缴纳个人所得税的。

【总结】

在股权转让中,并不是所有的违约金都需要征收个人所得税,具体问题还要具体分析。

针对股权转让方来说,在股权转让成功的前提下,其取得股权转让收入的同时收取的违约金,需要并入股权转让收入来征收个人所得税。政策之所以把违约金纳入财产转让所得,是为了防止转让方以其他名义收取对价，稀释税基。

针对股权受让方来说，因对方违约而收取的违约金，不属于个人所得税的征收范围，不需要缴纳个人所得税。

【小贴士】

《国家税务总局关于发布〈股权转让所得个人所得税管理办法（试行）〉的公告》（国家税务总局公告2014年第67号）

第七条 股权转让收入是指转让方因股权转让而获得的现金、实物、有价证券和其他形式的经济利益。

第八条 转让方取得与股权转让相关的各种款项，包括违约金、补偿金以及其他名目的款项、资产、权益等，均应当并入股权转让收入。

第九条 纳税人按照合同约定，在满足约定条件后取得的后续收入，应当作为股权转让收入。

（十一）股权转让后老板反悔了，那征收的个人所得税还能退回来吗？

实务中，很多地区办理自然人股权变更都是按照"先税务后工商"的办理流程，会涉及印花税和个人所得税的缴纳，完成税源监控以后再办理工商变更登记。有的老板在缴纳完税款以后，因为这样那样的原因，想解除原股权转让合同，退回股权，那之前缴纳的个人所得税款还能退回来吗？

这要分情况来分析：

如果双方的股权转让合同已执行完毕，转让双方按照转让收入缴纳了印花税，转让方按照转让所得缴纳了个人所得税，股权已完成工商变更登记，这意味着本次股权转让行为已结束。现在当事人双方想解除原股权转让合同，退回股权，属于另一次股权转让的行为，对前次转让征收的印花税和个人所得税都不予退回。

如果双方签订了股权转让合同，在税源监控环节，转让双方按照转让收入缴纳了印花税，转让方按照转让所得缴纳了个人所得税，但尚未办理股权工商变更登记，这时候当事人双方想解除原股权转让合同，退回股权，意味着本次转让行为尚未完成，可以向主管税务机关申请退回缴纳的个人所得税款，但印花税不予退回，不论合同是否兑现或能否按期兑现，都一律按照规定贴花，不退税。

【小贴士】

（1）《国家税务总局关于纳税人收回转让的股权征收个人所得税问题的批复》（国税函〔2005〕130号）

一、股权转让合同履行完毕、股权已作变更登记，且所得已经实现的，转让人取得的股权转让收入应当依法缴纳个人所得税。转让行为结束后，当事人双方签订并执行解除原股权转让合同、退回股权的协议，是另一次股权转让行为，对前次转让行为征收的个人所得税款不予退回。

二、股权转让合同未履行完毕，因执行仲裁委员会作出的解除股权转让合同及补充协议的裁决、停止执行原股权转让合同，并原价收回已转让股权的，由于其股权转让行为尚未完成、收入未完全实现，随着股权转让关系的解除，股权收益不复存在，根据个人所得税法和征管法的有关规定，以及从行政行为合理性原则出发，纳税人不应缴纳个人所得税。

（2）《国家税务局关于印花税若干具体问题的规定》（国税地字〔1988〕25号）

第七条规定，依照印花税暂行条例规定，合同签订时即应贴花，履行完税手续。

（3）《中华人民共和国印花税暂行条例施行细则》

第二十四条　凡多贴印花税票者，不得申请退税或者抵用。

理论上来讲，印花税属于行为税，它是针对签订合同行为征税，只要发生了应税行为就需要缴税。

因此，不论合同是否兑现或能否按期兑现，都一律按照规定贴花，不退税。

（十二）显名股东将代持的股权转让给隐名股东还需要缴个人所得税吗？

股权代持在实务中很普遍，它其实是一种委托持股方式，很多投资人因为种种原因，不能以自己的真实身份投资公司，而是委托别人代为持有目标公司的股权，双方签订的代持股协议在法律上也是认可有效的。但在税法上，并没有显名股东与隐名股东的区别，税法上的股东就是公司在办理工商注册登记时所显示的股东名册上的股东。

若真实股东想要收回名义股东的股权，意味着公司工商注册登记时所显示的股东名册要发生变更，在税务方面是不认可所谓的"股权代持"以及"隐名股东"的，会被认定为普通的股权转让，按"财产转让所得"项目缴纳个人所得税。

财产转让所得应纳个人所得税税额
=〔转让财产的收入额-（财产原值+合理费用）〕×20%

【友情提示】

在实际工作过程中，要重视股权代持的法律风险，尽可能减少股权代持的交易架构。如果股权代持的交易安排确有必要，建议审慎选择代持对象，尽量在可信任的近亲属中选择，以减少未来解除代持协议时所可能产生的税务负担。

【小贴士】

（1）《国家税务总局厦门市税务局关于市十三届政协四次会议第1112号提案办理情况答复的函》（厦税函〔2020〕125号）

显名股东作为登记在股东名册上的股东，可以依股东名册主张行使股东权利。依据企业所得税法、个人所得税法，符合规定的转让股权和取得投资收益的纳税人，其取得股息红利所得、股权转让所得，应当依法履行纳税义务。

（2）《国家税务总局关于发布〈股权转让所得个人所得税管理办法（试行）〉的公告》（国家税务总局公告2014年第67号）

第一章第四条　个人转让股权，以股权转让收入减除股权原值和合理费用后的余额为应纳税所得额，按"财产转让所得"缴纳个人所得税。

第二章第十三条　符合下列条件之一的股权转让收入明显偏低，视为有正当理由：

（二）继承或将股权转让给其能提供具有法律效力身份关系证明的配偶、父母、子女、祖父母、外祖父母、孙子女、外孙子女、兄弟姐妹以及对转让人承担直接抚养或者赡养义务的抚养人或者赡养人。

(十三)变更法定代表人需要缴税吗?

不需要!

法定代表人是代表公司行使职权的负责人,依照公司章程的规定,一般由董事长、执行董事或者经理担任。只是变更法定代表人,不涉及公司股权变更,是不需要缴税的,同样的,变更公司名称也不需要缴税。

如果法定代表人同时也是公司的股东,发生自然人股东变更的情形会涉及个人所得税的缴纳。

【小贴士】

《中华人民共和国公司法》

第十三条 公司法定代表人依照公司章程的规定,由董事长、执行董事或者经理担任,并依法登记。公司法定代表人变更,应当办理变更登记。

下篇 股权篇

第四章
公司与股权架构

一、什么是公司？

（一）企业就是公司吗？

2021年9月22日，某科技股份有限公司在首发上市招股说明书中披露了一则信息——在异地陆续成立18家小微公司进行个人所得税的筹划（见图4-1）。

> 比照关联交易披露的重要交易
>
> （1）自2018年1月至2020年2月，发行人之子公司_____及其子公司_____北京_____、_____能科技（_____）有限公司北京分公司、_____科技（天津）有限公司北京分公司、_____衡水5家公司存在以下情形：发行人之员工、前员工或亲属等设立
>
> 1-1-370
>
> _____科技股份有限公司　　　　　招股说明书（申报稿）
>
> 了多个小微公司，该类小微公司只与上述5家主体发生交易、开具发票并获取资金，而后将收取的款项扣除相关税费及经营所需后作为薪酬支付给发行人部分员工及为发行人提供服务的其他人员（_____、_____装饰为发行人提供加工服务的人员）。
>
> 由于上述小微公司为发行人之员工、前员工或亲属等设立的企业，且仅与上述五家主体发生交易，本部分将其与发行人的交易比照关联交易进行披露。
>
> 1）小微公司设立的背景，设立小微公司的具体情况、对应人员、收入来源
>
> 设立小微公司的原因为天津市、兰州市永登县、上海市等地注册该类公司享有一定的税收节税空间，通过小微公司领薪可为员工节省个税税负，因此自2018年起，公司员工、前员工或亲属在上述城市相继设立 **18家小微公司**，上述小微公司注册地点、设立时间、主要人员及其身份情况如下：

图4-1　截图来源于公司招股说明书

我们来看看这18家小微公司都是什么来历！

不看不知道，一看吓一跳！

竟然都是个人独资企业、有限合伙企业、个体工商户（见图4-2）！

公司名称	公司类型	注册时间	注册地	主要人员性质
上海○○企业咨询中心	个人独资企业	2019/9/6	上海市	法定代表人雷某为○○公司前员工
上海○○营销策划服务中心	个人独资企业	2019/11/14	上海市	
上海本○○设计服务中心	个人独资企业	2019/9/4	上海市	
上海○○技术服务中心（有限合伙）	有限合伙企业	2019/9/25	上海市	法定代表人陈某为○○衡水公司前员工
上海○○视觉艺术设计工作室	个人独资企业	2019/11/8	上海市	
上海○○设计服务工作室	个人独资企业	2019/9/6	上海市	法定代表人李某为○○公司前员工
上海○○营销策划服务中心	个人独资企业	2019/11/12	上海市	
上海○○广告设计工作室	个人独资企业	2019/11/18	上海市	
上海○○科技合伙企业（有限合伙）	有限合伙企业	2019/9/25	上海市	法定代表人童某为○○公司前员工
上海○○业管理服务中心	个人独资企业	2019/9/4	上海市	
永登县○○顶科技企业管理服务中心	个体工商户	2018/8/23	兰州市永登县	
永登县○○尚企业管理服务中心	个体工商户	2018/7/9	兰州市永登县	法定代表人张某为○○公司员工
永登县○○祥图文设计服务中心	个体工商户	2018/7/9	兰州市永登县	
永登县○○华海企业管理服务中心	个体工商户	2018/8/23	兰州市永登县	
永登县○○尚达企业管理服务中心	个体工商户	2018/7/9	兰州市永登县	法定代表人李某为○○公司前员工
永登县○○图文设计服务中心	个体工商户	2018/7/9	兰州市永登县	

图4-2 公司招股说明书

那个人所得税是如何筹划的呢？这么神奇吗？你懂得！在这里不做过多探讨。

回归正题，我们通常说的公司是指有限责任公司和股份有限公司。

企业除了公司以外，还包括合伙企业、个人独资企业等，但是不包括个体户（见图4-3）。

图4-3 企业形式

【思考】

上述某科技股份有限公司招股说明书中涉及的18个小微公司的提法准确吗?

不准确。公司仅包括有限责任公司和股份有限公司,个人独资企业、合伙企业、个体工商户都不是公司,适用的法律法规不同,税收政策也不同。

【小贴士】

(1)《中华人民共和国公司法》

第二条 本法所称公司是指依照本法在中国境内设立的有限责任公司和股份有限公司。

第三条 公司是企业法人,有独立的法人财产,享有法人财产权。公司以其全部财产对公司的债务承担责任。

有限责任公司的股东以其认缴的出资额为限对公司承担责任;股份有限公司的股东以其认购的股份为限对公司承担责任。

(2)《中华人民共和国个人独资企业法》

第二条 本法所称个人独资企业,是指依照本法在中国境内设立,由一个自然人投资,财产为投资人个人所有,投资人以其个人财产对企业债务承担无限责任的经营实体。

(3)《中华人民共和国合伙企业法》

第二条 本法所称合伙企业,是指自然人、法人和其他组织依照本法在中国境内设立的普通合伙企业和有限合伙企业。

普通合伙企业由普通合伙人组成,合伙人对合伙企业债务承担无限连带责任。本法对普通合伙人承担责任的形式有特别规定的,从其规定。

有限合伙企业由普通合伙人和有限合伙人组成,普通合伙人对合伙企业债务承担无限连带责任,有限合伙人以其认缴的出资额为限对合伙企业债务承担责任。

(4)《中华人民共和国民法典》

第五十四条 自然人从事工商业经营,经依法登记,为个体工商户。个体工商户可以起字号。

第五十六条 个体工商户的债务,个人经营的,以个人财产承担;家庭经营的,以家庭财产承担;无法区分的,以家庭财产承担。

(5)《个体工商户条例》

第二条 有经营能力的公民,依照本条例规定经工商行政管理部门登记,从事工商业经营的,为个体工商户。

个体工商户可以个人经营,也可以家庭经营。

（二）一个人成立的公司就叫"个人独资企业"吗？

张三、李四是大学同学，学的是设计专业，两人相约大学毕业后创业，张三出资成立了张氏设计公司，李四出资成立了李氏设计中心（见图4-4）。

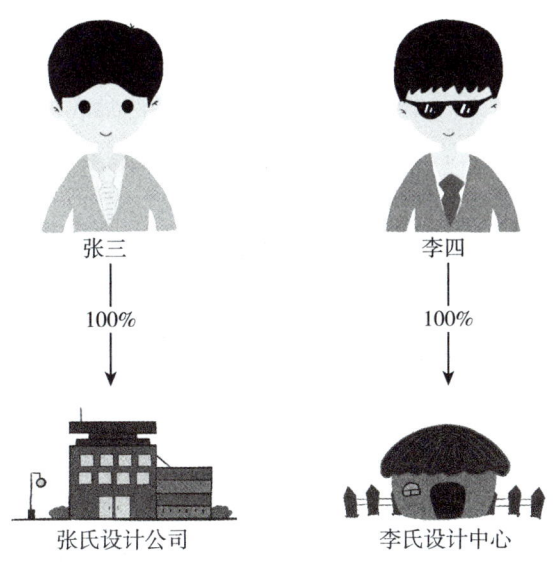

图4-4　公司与个人独资企业的区别

张氏设计公司和李氏设计中心有什么区别呢？

张氏设计公司，虽然注册成立时企业类型为自然人独资，但本质上是公司，学名叫"一人有限公司"，只要能证明张三的个人财产和张氏设计公司的财产相互独立，那张三就无须对张氏设计公司的债务承担连带责任。

李氏设计中心，虽然也是李四自己投资成立的，但不是公司，属于个人独资企业，李氏设计中心有债务的话，李四就要以其个人财产对企业债务承担无限责任。

换句话说，个人独资企业虽作为"企业"，但较之"一人有限公司"

而言，个人独资企业和个体工商户有很多相似之处，只不过个体户连"企业"都不是。说白了，个人独资企业就是"穿上西装的个体户"。

从税务角度来讲，一人有限公司，既然是公司，那就会面临两道所得税，一道是公司层面的企业所得税，法定税率为25%；另一道是分红时20%的个人所得税，两道所得税最高税负为40%。个人独资企业，投资人在所得税层面是按照经营所得5%—35%的税率缴纳个人所得税。

——详见本书上篇《税务篇》"第二章　合伙企业涉税问题"。

【小贴士】

（1）《中华人民共和国企业所得税法》

第一条　在中华人民共和国境内，企业和其他取得收入的组织（以下统称企业）为企业所得税的纳税人，依照本法的规定缴纳企业所得税。

个人独资企业、合伙企业不适用本法。

（2）《中华人民共和国个人所得税法》

第三条　个人所得税的税率：

（三）利息、股息、红利所得，财产租赁所得，财产转让所得和偶然所得，适用比例税率，税率为百分之二十。

（3）《财政部　国家税务总局关于合伙企业合伙人所得税问题的通知》（财税〔2008〕159号）

第二条　合伙企业以每一个合伙人为纳税义务人。合伙企业合伙人是自然人的，缴纳个人所得税；合伙人是法人和其他组织的，缴纳企业所得税。

第三条　合伙企业生产经营所得和其他所得采取"先分后税"的原则。

也就是合伙企业的合伙人以合伙企业的生产经营所得和其他所得，按照合伙协议约定的分配比例确定应纳税所得额。

（4）《财政部 国家税务总局关于印发〈关于个人独资企业和合伙企业投资者征收个人所得税的规定〉的通知》（财税〔2000〕91号）

合伙企业以每一个合伙人为纳税人。个人独资企业和合伙企业每一纳税年度的收入总额减除成本、费用以及损失后的余额，作为投资者个人的生产经营所得，比照个人所得税法的"个体工商户的生产经营所得"应税项目，适用5%—35%的五级超额累进税率，计算征收个人所得税。

（三）有限公司与股份公司是一回事吗？

有一客户想要拿股改补贴，也就是有限公司改制为股份有限公司，当地政府会相应地给予一定补贴。看起来十分诱人，但是也为后续经营埋下了不少隐患，因为很多老板或者财务对于有限公司的经营还没有驾驭明白，突然上升到股份公司层面，就手足无措了！

例如表决权，有限公司可以通过章程约定，股东可以不按照出资比例行使表决权，也就是说假设实际持有30%股权比例的股东，只要股东之间达成一致，可以享有70%的表决权。但是对于股份有限公司，除了科创板、创业板、北交所上市的公司，可以同股不同权外，其他的股份有限公司均要求同股同权，换句话说，不能章程约定。

再如股东股权转让，有限公司股东之间可以相互转让股权，向股东以外的人转让股权时，必须经股东会过半数股东同意，即有限公司是大家一起创业，有福同享、有难同当，对股东的约束性强；而股份有限公司的股份转让不受限制。

以及股东的查账权,有限公司的股东可以要求查阅公司会计账簿,但是股份有限公司的股东不能查阅公司账簿,只能查阅财务会计报告。道理很简单,上市公司的股东那么多,如果都有查阅公司账簿的权利,那可能会陷入混乱。

有限公司和股份有限公司区别还有好多方面,比如设立性质、股东人数、股东会等(见表4-1)。

表4-1　　　　有限公司与股份有限公司的区别

项目	有限公司	股份公司	备注
公司名称	有限公司或者有限责任公司	股份公司或者股份有限公司	
性质	人合+资合	资合	
股东人数	1—50	2—200人及更高	一人有限公司 上市公司
股东权利	查阅会计账簿	查阅财务报告	
表决权	自由约定	同股同权 (注册制上市除外)	创业板、科创板、北交所
董事	1人或3—13人	5—19人	执行董事
监事	1人或3人以上	3人以上	
股东开会	相对自由	最低限制 (每年召开一次)	
股权转让	对内:自由转让 对外:其他股东过半数同意,优先购买权	自由转让、上市公司董监高限制	

总的来说,有限责任公司适合企业规模比较小、股东之间都是相互信任的熟人这种情况,所以《公司法》给予了有限责任公司更多的自由空间,很多事项都可以通过公司章程自由约定,能省的手续、机构设置都可以省——因为股东之间相熟,所以能简化的一律简化!

股份有限公司则适合大中型规模且引入外部投资机构，甚至准备新三板挂牌或者上市的企业。股东之间要根据法律要求约定明确的制度、设定"三会"、约定权责利等。总之前提条件是各自不熟，所以都要通过法律来保障。

【小贴士】

《中华人民共和国公司法》

第二章　有限责任公司的设立和组织机构

第三十三条　股东有权查阅、复制公司章程、股东会会议记录、董事会会议决议、监事会会议决议和财务会计报告。股东可以要求查阅公司会计账簿。股东要求查阅公司会计账簿的，应当向公司提出书面请求，说明目的。公司有合理根据认为股东查阅会计账簿有不正当目的，可能损害公司合法利益的，可以拒绝提供查阅，并应当自股东提出书面请求之日起十五日内书面答复股东并说明理由。公司拒绝提供查阅的，股东可以请求人民法院要求公司提供查阅。

第四十二条　股东会会议由股东按照出资比例行使表决权；但是，公司章程另有规定的除外。

第四十三条　股东会的议事方式和表决程序，除本法有规定的外，由公司章程规定。股东会会议作出修改公司章程、增加或者减少注册资本的决议，以及公司合并、分立、解散或者变更公司形式的决议，必须经代表三分之二以上表决权的股东通过。

第三章　有限责任公司的股权转让

第七十一条　有限责任公司的股东之间可以相互转让其全部

或者部分股权。股东向股东以外的人转让股权,应当经其他股东过半数同意。股东应就其股权转让事项书面通知其他股东征求同意,其他股东自接到书面通知之日起满三十日未答复的,视为同意转让。其他股东半数以上不同意转让的,不同意的股东应当购买该转让的股权;不购买的,视为同意转让。经股东同意转让的股权,在同等条件下,其他股东有优先购买权。两个以上股东主张行使优先购买权的,协商确定各自的购买比例;协商不成的,按照转让时各自的出资比例行使优先购买权。

公司章程对股权转让另有规定的,从其规定。

第四章 股份有限公司的设立和组织机构

第九十七条 股东有权查阅公司章程、股东名册、公司债券存根、股东大会会议记录、董事会会议决议、监事会会议决议、财务会计报告,对公司的经营提出建议或者质询。

第一百零三条 股东出席股东大会会议,所持每一股份有一表决权。但是,公司持有的本公司股份没有表决权。股东大会作出决议,必须经出席会议的股东所持表决权过半数通过。但是,股东大会作出修改公司章程、增加或者减少注册资本的决议,以及公司合并、分立、解散或者变更公司形式的决议,必须经出席会议的股东所持表决权的三分之二以上通过。

第五章 股份有限公司的股份发行和转让

第一百三十七条 股东持有的股份可以依法转让。

第一百三十八条 股东转让其股份,应当在依法设立的证券交易场所进行或者按照国务院规定的其他方式进行。

（四）法人是"人"吗？

我们在日常工作中会习惯性的把"法定代表人"叫做法人，但是有时候其实是用混了，比如曾经碰到一位学员提问：公司给法人分红缴不缴税？

我习惯性地回答：不缴税，因为根据《企业所得税》第二十六条，符合条件的居民企业之间的股息、红利等权益性投资收益，为免税收入。

后来想了想，我不放心，又问了他一句：你说的法人是法定代表人还是公司？他说就是法人啊，老板本人。我顿时懵了，赶紧解释，如果股东是自然人，向自然人分红，是需要按"股息红利所得"缴纳个人所得税的，如果股东是法人，也就是公司，向公司分红，则是免税的。由此可见，因为对概念理解不同，导致最终的解答可能失之毫厘，谬以千里，差点就完全偏离了本质。

这里郑重声明：法人不是"人"！

法人是法律上的人，是组织或机构，不是个人，法人是"自然人"的对称，是自然人之外最为重要的民事主体。

既然法人不是人，却又需要在社会和市场中正常行事，所以需要代表。法定代表人应运而生，也就是我们常说的法人，其实是"法定代表人"。

还有一个词，叫法人代表，他们能在一段时间内、在一定的授权职责范围内代表法人参加活动、诉讼等。

法人与法定代表人的区别如图4-5所示。

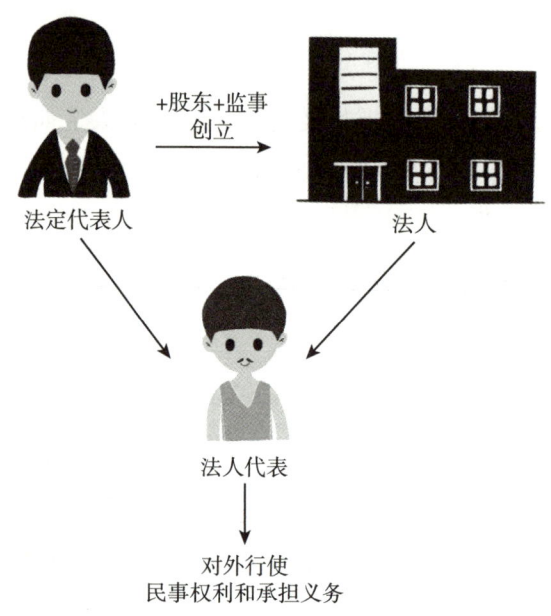

图4-5 法人与法定代表人的区别

总结：法人是CPU，法定代表人是显示器，法人代表是投影仪。

我们了解了什么是法定代表人后，如果有朋友让您担任法定代表人，您会同意吗？我们来了解一下法定代表人可能会面临的4个风险（见图4-6）。

图4-6 法定代表人可能会面临的四大风险

第一，公司欠债还不起，挂名法定代表人将会面临被限制高消费的风险，从而在交通出行、子女入学等方面受限。

第二，法定代表人超出授权范围惹的祸，产生的责任将由法定代表人承担。

第三，"挂名法定代表人"明知背后的大老板利用公司实施犯罪行为却不加阻止或放任的，也面临承担相应刑事责任的风险，比如虚开增值税专用发票罪。

第四，若被挂名担任法定代表人的公司，出现经营不善破产清算、被吊销营业执照等情况的，挂名法定代表人在后续创业成立公司的过程中也会受到影响。

所以担任挂名法定代表人一定要慎重！慎重！慎重！重要的话提示三遍！

【小贴士】

(1)《中华人民共和国民法典》

第五十七条　法人是具有民事权利能力和民事行为能力，依法独立享有民事权利和承担民事义务的组织。

第五十八条　法人应当依法成立。

法人应当有自己的名称、组织机构、住所、财产或者经费。法人成立的具体条件和程序，依照法律、行政法规的规定。

设立法人，法律、行政法规规定须经有关机关批准的，依照其规定。

第五十九条　法人的民事权利能力和民事行为能力，从法人成立时产生，到法人终止时消灭。

第六十条　法人以其全部财产独立承担民事责任。

第六十一条 依照法律或者法人章程的规定，代表法人从事民事活动的负责人，为法人的法定代表人。

法定代表人以法人名义从事的民事活动，其法律后果由法人承受。

法人章程或者法人权力机构对法定代表人代表权的限制，不得对抗善意相对人。

第六十二条 法定代表人因执行职务造成他人损害的，由法人承担民事责任。

法人承担民事责任后，依照法律或者法人章程的规定，可以向有过错的法定代表人追偿。

根据《中华人民共和国刑法》相关规定，如果按照罪名计算，公司法定代表人犯罪主要集中在经济类犯罪，其中比较常见可能触犯的罪名包括：虚开增值税专用发票罪、逃税罪、重大责任事故罪、虚报注册资本罪、抽逃出资罪、虚假出资罪、职务侵占罪、挪用资金罪、非法经营罪、非法吸收公众存款罪、私分国有资产罪、公司企业人员受贿罪、公司企业人员行贿罪等。

（2）《中华人民共和国公司法》

第三条 公司是企业法人，有独立的法人财产，享有法人财产权。公司以其全部财产对公司的债务承担责任。

第十三条 公司法定代表人依照公司章程的规定，由董事长、执行董事或者经理担任，并依法登记。公司法定代表人变更，应当办理变更登记。

第一百四十六条 担任因违法被吊销营业执照、责令关闭的公司、企业的法定代表人，并负有个人责任的，自该公司、企业被吊销营业执照之日起未逾三年，不得担任公司的董事、监事、高级管理人员。

（3）《最高人民法院关于限制被执行人高消费及有关消费的若干规定》

第三条　被执行人为自然人的，被采取限制消费措施后，不得有以下高消费及非生活和工作必需的消费行为：

（一）乘坐交通工具时，选择飞机、列车软卧、轮船二等以上舱位；

（二）在星级以上宾馆、酒店、夜总会、高尔夫球场等场所进行高消费；

（三）购买不动产或者新建、扩建、高档装修房屋；

（四）租赁高档写字楼、宾馆、公寓等场所办公；

（五）购买非经营必需车辆；

（六）旅游、度假；

（七）子女就读高收费私立学校；

（八）支付高额保费购买保险理财产品；

（九）乘坐G字头动车组列车全部座位、其他动车组列车一等以上座位等其他非生活和工作必需的消费行为。

被执行人为单位的，被采取限制消费措施后，被执行人及其法定代表人、主要负责人、影响债务履行的直接责任人员、实际控制人不得实施前款规定的行为。因私消费以个人财产实施前款规定行为的，可以向执行法院提出申请。执行法院审查属实的，应予准许。

(4)《企业法人法定代表人登记管理规定》

第四条 (五)担任因经营不善破产清算的企业的法定代表人或者董事、经理,并对该企业的破产负有个人责任,自该企业破产清算完结之日起未逾三年的;担任因违法被吊销营业执照的企业的法定代表人,并对该企业违法行为负有个人责任,自该企业被吊销营业执照之日起未逾三年的,不得担任法定代表人,企业登记机关不予核准登记。

(五)总分公司、母子公司是一回事吗?

总、分公司和母、子公司是不同的概念!

总分公司是一家,分公司闯了祸,总公司要担责,这就是为什么分公司可以用总公司的资质,比如建筑行业。

母子公司不一样,子公司有独立的法人资格,一般情况下,母子公司各以自己全部财产为限承担各自的责任,互不连带。

也就是说,子公司和分公司在设立方式、法律地位、控制方式、债务承担方式、营业执照等方面都有所区别(见表4-2)。

表4-2 子公司与分公司的区别

比较项目	子公司	分公司	备注
按《公司法》规定设立	√	×	设立方式不同
独立法人资格、名称、章程、组织架构	√	×	法律地位不同
是否受总公司直接控制	×	√	控制方式不同
是否自己承担债务	√	×	债务承担方式不同
企业法人营业执照(有法定代表人字样)	√	×	营业执照不同
产品是否包含总公司名称	×	√	产品包装标注不同

【总结】

母子公司就像母亲和孩子。虽血脉相连，但却彼此独立，孩子可以自己决定如何生活。

而总分公司则像大树和枝杈，虽有分支，但终究是一个整体，枝干所有的一切都由主干支配和提供（见图4-7）。

图4-7 子公司与分公司的区别

【思考】

家族"钱袋子"公司与经营公司是什么关系，您明白了吧?

家族"钱袋子"公司与经营公司是母子公司关系，均为独立法人。

详见本书上篇"税务篇"中的"二、家族'钱袋子'公司是什么？又有什么作用？"

> 【小贴士】
>
> 《中华人民共和国公司法》
>
> 第十四条 公司可以设立分公司。设立分公司，应当向公司登记机关申请登记，领取营业执照。分公司不具有法人资格，其民事责任由公司承担。
>
> 公司可以设立子公司，子公司具有法人资格，依法独立承担民事责任。

（六）注册资本越大越好吗？

2014年，《公司法》做了重大修改，把实缴制改为认缴制，但是认缴不等于任性，认缴的注册资本越大，带来的风险越大。

（1）认缴的注册资本越大，股东的责任也就越大。如果企业将来资不抵债，需要对外偿付债务时，认缴的资本过大，股东需要将自己认缴的注册资本金额缴齐才能免于承担责任。

（2）公司在发展过程中，很可能需要融资，在融资的时候对企业资本估值过高，新的股东会要求公司原股东将之前认缴的注册资本补齐。换位思考一下，原股东都不出钱，凭什么要求投资人出钱？这样对老板的压力可就大了。

（3）根据《公司法》规定，每年应当将税后利润的10%留存，作为法定盈余公积金。如果企业的注册资本过高，这一项提取的金额就会过大，有可能影响企业初期的资金运转和风险控制。

总的来说，公司的注册资本不是越高越好，而应当量力而行，适合企业规模或者发展就好。

如果需要增加注册资本，很简单，估计一周就办完手续了。但是如果减资，需要先通知债权人，还要公告，45日后才能申请变更登记，流程十分烦琐。

【小贴士】

（1）《国务院关于印发注册资本登记制度改革方案的通知》（国发〔2014〕7号）

二、放松市场主体准入管制，切实优化营商环境

（一）实行注册资本认缴登记制。公司股东认缴的出资总额或者发起人认购的股本总额（即公司注册资本）应当在工商行政管理机关登记。公司股东（发起人）应当对其认缴出资额、出资方式、出资期限等自主约定，并记载于公司章程。有限责任公司的股东以其认缴的出资额为限对公司承担责任，股份有限公司的股东以其认购的股份为限对公司承担责任。公司应当将股东认缴出资额或者发起人认购股份、出资方式、出资期限、缴纳情况通过市场主体信用信息公示系统向社会公示。公司股东（发起人）对缴纳出资情况的真实性、合法性负责。

放宽注册资本登记条件。除法律、行政法规以及国务院决定对特定行业注册资本最低限额另有规定的外，取消有限责任公司最低注册资本3万元、一人有限责任公司最低注册资本10万元、股份有限公司最低注册资本500万元的限制。不再限制公司设立时全体股东（发起人）的首次出资比例，不再限制公司全体股东（发起人）的货币出资金额占注册资本的比例，不再规定公司股东（发起人）缴足出资的期限。

公司实收资本不再作为工商登记事项。公司登记时，无须提交验资报告。

现行法律、行政法规以及国务院决定明确规定实行注册资本实缴登记制的银行业金融机构、证券公司、期货公司、基金管理

公司、保险公司、保险专业代理机构和保险经纪人、直销企业、对外劳务合作企业、融资性担保公司、募集设立的股份有限公司，以及劳务派遣企业、典当行、保险资产管理公司、小额贷款公司实行注册资本认缴登记制问题，另行研究决定。在法律、行政法规以及国务院决定未修改前，暂按现行规定执行。

已经实行申报（认缴）出资登记的个人独资企业、合伙企业、农民专业合作社仍按现行规定执行。

（2）《中华人民共和国公司法》

第三条 ……有限责任公司的股东以其认缴的出资额为限对公司承担责任；股份有限公司的股东以其认购的股份为限对公司承担责任。

（七）母公司的注册资本一定大于子公司的注册资本吗？

张三、李四成立了甲公司，注册资本为100万元，看中一项目，打算用甲公司作为股东成立一家乙公司，因为资质要求乙公司的注册资本必须要大于1 000万元，请问可以吗（见图4-8）？

同样的问题还有"钱袋子"公司的注册资本应该是多少合适？能小于控股的公司吗？

当然没问题！

也就是说，子公司的注册资本跟母公司的注册资本没有半毛钱的关系。

比如有一家北交所上市的公司，上市公司注册资本1.32亿元，母公司注册资本只有区区10万元。

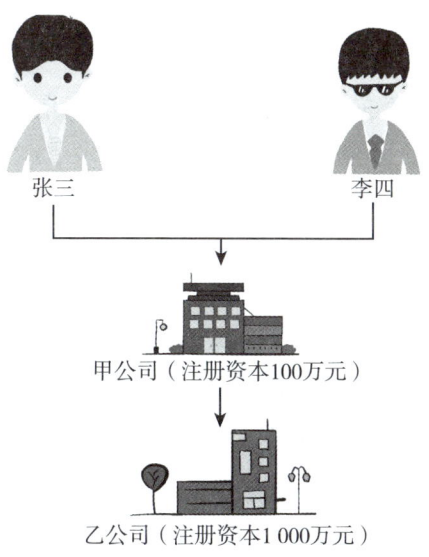

图4-8 母子公司注册资本如何设置

（八）注册资本实缴比认缴好？

公司正常经营下，认缴和实缴无区别。对于股东来说，一般情况下都是以其出资额为限对公司承担责任。

有一般就有例外，公司运营需要资金，股东认缴的话，只能先借股东的钱，如果存在欠债的情况下，股东相当于实缴未到位，需要补齐注册资本。那么股东在公司里的实际出资就是借款加上应缴齐的注册资本。

举个例子，甲公司注册资本为2 000万元，成立公司时实行认缴制，公司经营要用钱，股东先借给公司2 000万元用于公司运营。天有不测风云，世事无常，甲公司对外欠债1亿元，那么股东实际上要再缴齐2 000万元的注册资本，相当于出了4 000万元，即损失了之前借给甲公司的2 000万元加上再补齐的注册资本2 000万元。

当然，如果提前规划的话，可以操作一下债转股，有效避免风险。即先将认缴的注册资本缴齐，再向股东偿还借款，说白了，就是走一遍流水。

【小贴士】

《最高人民法院关于适用〈中华人民共和国公司法〉若干问题的规定（三）》

第十三条　股东未履行或者未全面履行出资义务，公司或者其他股东请求其向公司依法全面履行出资义务的，人民法院应予支持。

公司债权人请求未履行或者未全面履行出资义务的股东在未出资本息范围内对公司债务不能清偿的部分承担补充赔偿责任的，人民法院应予支持；未履行或者未全面履行出资义务的股东已经承担上述责任，其他债权人提出相同请求的，人民法院不予支持。

（九）注册资本认缴期限到了，必须要实缴到位吗？

在抖音（"税苑杂谈"）直播过程中，有税友问：认缴日期到期了，股东没有钱出资，可以申请延期吗？

大家都知道，2014年《公司法》修改后，公司由实缴制改为认缴制，股东可以通过公司章程约定出资期限。一般情况下，出资期限到了，股东就要履行出资义务，但是因特殊情况股东无法履行出资义务的，由股东形成决议，可以延长出资期限，只需修改公司章程去工商部门办理相关备案手续即可。

【友情提示】

在公司注册成立时，可以将出资期限约定得长一点，比如30年。

当然有些情况也需要注意，比如公司出现债务又没有足够的资产偿债，在需要偿债、公司进行股权融资等情况下，会要求股东加速出资。意味着这个时候股东就不能按照出资期限实缴了，要立刻、马上！

【小贴士】

《国务院关于印发〈注册资本登记制度改革方案〉的通知》（国发〔2014〕7号）

二、放松市场主体准入管制，切实优化营商环境

（一）实行注册资本认缴登记制。不再限制公司设立时全体股东（发起人）的首次出资比例，不再限制公司全体股东（发起人）的货币出资金额占注册资本的比例，不再规定公司股东（发起人）缴足出资的期限。

（十）有限公司承担有限责任吗？

谬论！绝对的谬论！

有限公司的有限责任，是对股东而言的，主要是指股东以其认缴的出资额为限对公司承担责任。通常情况下，公司通过运营会在公司层面累积一定的财富，公司出现债务对外承担责任时，公司须以公司的所有财产承担责任，股东以认缴的出资额为限承担责任。

张三、李四成立甲公司，注册资本100万元，经营了一段时间，风生水起，赚了1 000万元，没有分配（见图4-9）。但天有不测风云，甲公司有一笔订单没做好，导致欠债5 000万元。

那么问题来了，此时甲公司就要以公司所有的资产（包括没有来得及分配的利润1 000万元）对5 000万元债务承担责任。如果甲公司注册资本为100万元，张三、李四实缴出资到位，张三、李四的责任就是100万元。

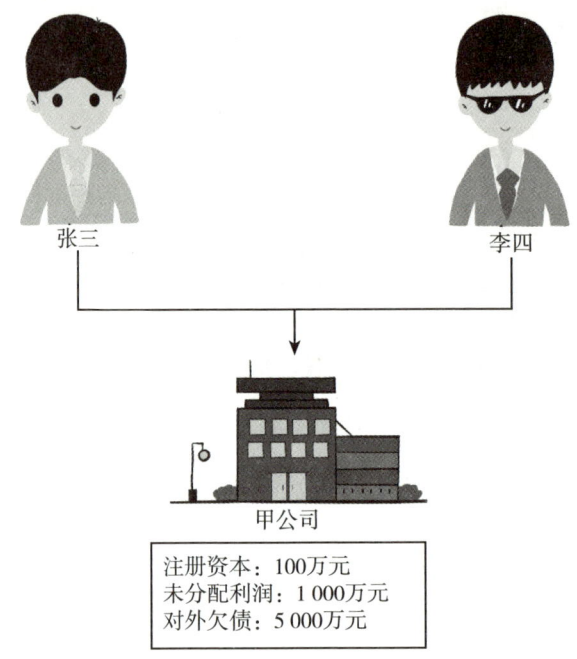

图4-9　有限公司承担有限责任

【友情提示】

甲公司经营过程中,张三、李四作为股东,如果出现私户收款等不规范的情况,视同"人格混同",张三、李四要承担无限连带责任。

【小贴士】

《中华人民共和国公司法》

第三条　公司是企业法人,有独立的法人财产,享有法人财产权。公司以其全部财产对公司的债务承担责任。

有限责任公司的股东以其认缴的出资额为限对公司承担责任;股份有限公司的股东以其认购的股份为限对公司承担责任。

(十一) 有限责任公司的股东仅承担有限责任吗?

张三、李四出资成立甲公司,张三占60%股权,担任执行董事,李四占40%股权,担任监事及财务负责人。甲公司还有两个"小弟",也就是相关联的乙公司、丙公司,并且甲、乙、丙公司注册地址一样的(见图4-10)。

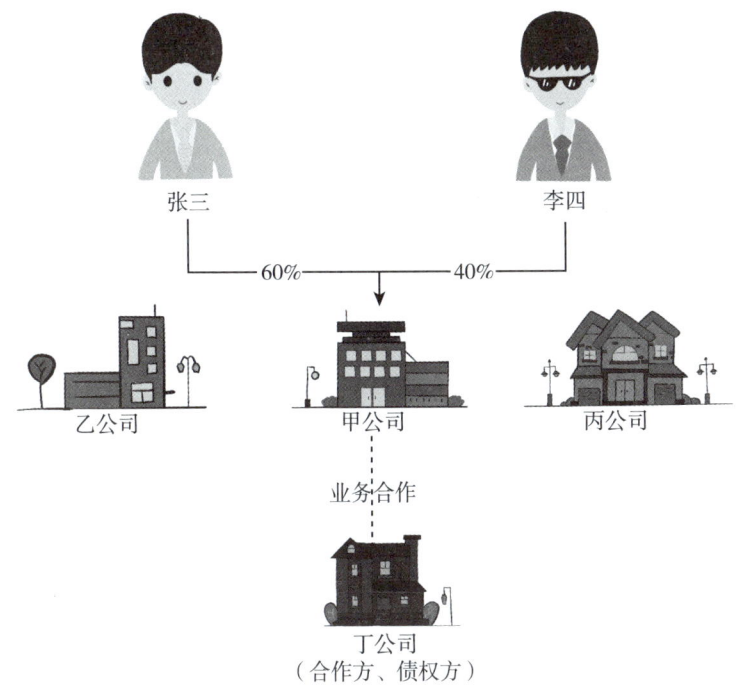

图4-10 有限公司承担有限or无限责任

前期与丁公司合作开发某PPP项目,双方在债务和利润分成方面存在争议,丁公司一气之下,把甲公司告上法庭。这还不解气,把张三、李四及相关联的乙、丙公司一起告上法院,要求共同承担连带责任。

这是为什么呢?

原来丁公司提交了甲公司2个银行账户明细及张三个人多个银行账户

的交易明细证明，甲公司通过张三个人账户将某国库支付中心汇入的项目款，直接转入了乙公司、丙公司账户，而且乙公司、丙公司还通过张三个人账户与甲公司存在其他大量、频繁的资金往来。

甲、乙、丙公司未对上述资金往来的用途举证说明或作出合理解释，因此，最高人民法院判决张三、李四、甲公司、乙公司、丙公司对债务承担连带责任。

【小贴士】

《中华人民共和国公司法》

第二十条 公司股东应当遵守法律、行政法规和公司章程，依法行使股东权利，不得滥用股东权利损害公司或者其他股东的利益；不得滥用公司法人独立地位和股东有限责任损害公司债权人的利益。

公司股东滥用股东权利给公司或者其他股东造成损失的，应当依法承担赔偿责任。

公司股东滥用公司法人独立地位和股东有限责任，逃避债务，严重损害公司债权人利益的，应当对公司债务承担连带责任。

（十二）一人有限真的是"一人做事一人当"吗？

谬论！绝对的谬论！

一人有限责任公司，是指只有一个自然人股东或者一个法人股东的有限责任公司。

因股东只有一个，实践中容易出现"人格混同""公私不分"的情形。因此，《公司法》针对一人有限公司的责任承担，作出了特别的规定,即如果一人有限责任公司的股东不能证明公司财产独立于股东自己的财产的,应当对公司债务承担连带责任。也就是说,股东可能会穿透有限责任的底限,承担无限连带责任。

张三成立甲公司,注册资本100万元,天有不测风云,其做生意欠乙公司债务5 000万元(见图4-11)。乙公司找到甲公司要求还钱,甲公司说"不还"!乙公司一气之下,将甲公司告上法庭。乙公司还不解气,将张三作为共同被告一起起诉,要求张三共同承担5 000万元债务,人民法院已受理。

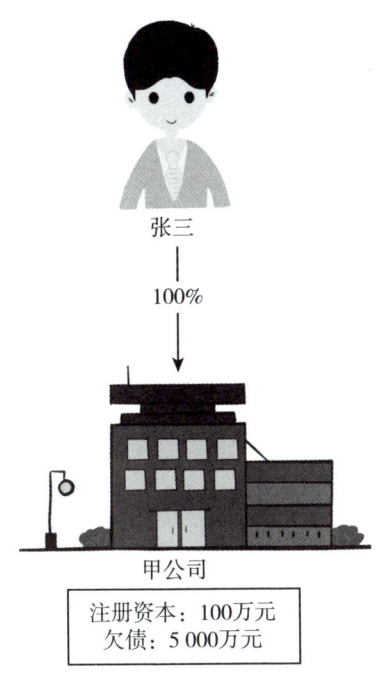

图4-11 一人有限公司架构

这个时候,就需要张三自证清白了。话又说回来,张三能说得清吗?

> 【小贴士】
>
> 《中华人民共和国公司法》
>
> 第五十七条 本法所称一人有限责任公司，是指只有一个自然人股东或者一个法人股东的有限责任公司。
>
> 第五十八条 一个自然人只能投资设立一个一人有限责任公司。该一人有限责任公司不能投资设立新的一人有限责任公司。
>
> 第六十三条 一人有限责任公司的股东不能证明公司财产独立于股东自己的财产的，应当对公司债务承担连带责任。

（十三）夫妻持股的公司视为一人有限公司吗？

谬论！绝对的谬论！

夫妻共同出资设立的公司认定为一人有限公司的判例，在中国裁判文书网上仅有一例，我们来分析一下：

熊某平、沈某霞为夫妻，二人出资成立的公司，注册资本来源于夫妻共同财产，当然，公司的全部股权属于双方共同共有（见图4-12）。

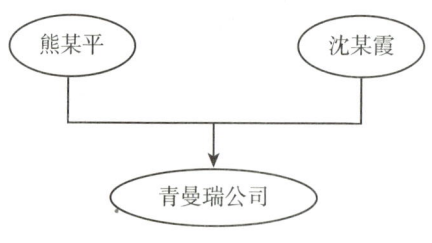

图4-12 夫妻二人持股架构

最高法院认为，既然夫妻共同出资设立的公司，难以避免公司财产与夫妻其他共同财产的混同。在此情况下，有必要参照《公司法》中

"一人公司"举证责任倒置规则，也就是说，夫妻二人应当证明夫妻财产独立于公司财产。然而熊某平、沈某霞未举证证明其自身财产独立于青曼瑞公司财产，应承担举证不力的法律后果。熊某平、沈某霞应对青曼瑞公司案涉债务承担连带清偿责任。

在绝大部分的判例当中，夫妻公司在法律性质上仍为有限责任公司，在没有违反《公司法》的前提下，否认其法律性质直接将其认定为一人公司不仅缺乏法律依据，亦不符合《公司法》立法本意，对此类认定应当慎重考量。

【思考】

话又说回来了，难道非得让夫妻二人成立的公司做运营吗？

夫妻二人成立的"钱袋子"公司，不做运营，仅投资于业务公司，"钱袋子"公司与业务公司均为独立法人，各自承担独立的责任，从而达到隔离风险的目的。

【小贴士】

（1）《中华人民共和国民事诉讼法》

第六十七条　当事人对自己提出的主张，有责任提供证据。

（2）《最高人民法院关于适用〈中华人民共和国民事诉讼法〉的解释》

第九十条　当事人对自己提出的诉讼请求所依据的事实或者反驳对方诉讼请求所依据的事实，应当提供证据加以证明，但法律另有规定的除外。

在作出判决前，当事人未能提供证据或者证据不足以证明其事实主张的，由负有举证证明责任的当事人承担不利的后果。

（3）《中华人民共和国公司法》

第六十三条 一人有限责任公司的股东不能证明公司财产独立于股东自己的财产的，应当对公司债务承担连带责任。

注："谁主张，谁举证"是民事诉讼中举证责任的一般分配原则。

举证责任倒置：是"谁主张，谁举证"的一般举证责任分配的例外情形，即法律直接规定在特定案件中，不由主张权利一方举证，而由另外一方举证的法律制度。

（十四）婚后成立公司，离婚是按比例分割股权吗？

张三准备创业成立一家公司，为了避免一人有限公司无限连带责任的风险，得再找一个股东。这时候张三就犯难了，选谁呢？自己的公司，就挑自己人吧。于是和自己的媳妇共同成立甲公司，其中张三占90%，媳妇占10%（见图4-13）。

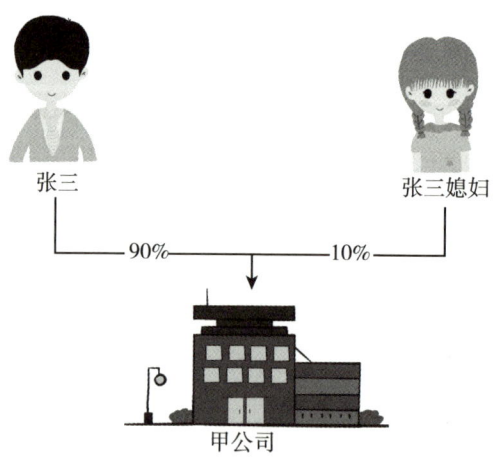

图4-13 夫妻二人如何分割股权

夫妻俩夙兴夜寐，经过数年打拼，公司熬过创业期，进入增长期，逐渐到了稳定期，利润可观，积累了价值不菲的财富。然而共患难容易同富贵难，两人终究走到了对簿公堂、离婚析产这一步。

张三理所当然地认为，股权占比在工商注册时就登记得很清晰，两人离婚也应该按照这样的比例分配公司的股权和收益。由于公司还要持续经营下去，张三认为折算10%股权对应同等价值的现金支付其配偶，其配偶退出公司就可以了。

是这样吗？法院会支持张三的诉求吗？

这里涉及一个非常重要的问题，如果和配偶成立公司，万一未来婚姻不能持续，股权的归属如何确定？这里需要跟各位老板明确，婚后成立公司，除非能举证实缴资本完全来源于老板一方的婚前个人财产，可以视为老板一方的个人财产（事实上比较难），否则股权属于夫妻共同财产。如出现婚姻关系不能存续的情形，对于夫妻共同财产的划分，原则上夫妻对共同财产有平等的处理权。

也就是说，无论工商登记时夫妻股权比例是一九分、二八分、三七分、四六分，还是五五分，最终大概率是平均分。

【总结】

婚后股权登记的持股比例不等于分割财产比例。

【小贴士】

（1）《中华人民共和国民法典》

第一千零六十二条　关于夫妻共同财产的规定。夫妻在婚姻存续期间所得的下列财产，为夫妻的共同财产，归夫妻共同所有：

（一）工资/奖金/劳务报酬；

（二）生产/经营/投资的收益；

（三）知识产权的权益；

（四）继承或者受赠的财产，但是本法第一千零六十三条第（三）项规定的除外；

（五）其他应当归共同所有的财产。

夫妻对共同财产，有平等的处理权。

第一千零六十三条　下列财产为夫妻一方的个人财产：

（一）一方的婚前财产；

（二）一方因受到人身损害获得的赔偿或者补偿；

（三）遗嘱或者赠与合同中确定只归一方的财产；

（四）一方专用的生活用品；

（五）其他应当归一方的财产。

（2）《最高人民法院关于适用〈中华人民共和国民法典〉婚姻家庭编的解释（一）》

第二十五条　婚姻关系存续期间，下列财产属于民法典第一千零六十二条规定的"其他应当归共同所有的财产"：

（一）一方以个人财产投资取得的收益；

（二）男女双方实际取得或者应当取得的住房补贴、住房公积金；

（三）男女双方实际取得或者应当取得的基本养老金、破产安置补偿费。

第二十六条　夫妻一方个人财产在婚后产生的收益，除孳息和自然增值外，应认定为夫妻共同财产。

（十五）家业传承，与子女成立公司就可以吗？

李老板60多岁，二婚，与前妻育有两女，与现任育有一子，儿子30岁，未婚。

李老板家业庞大，内心属意公司未来要交给儿子管理与经营，女儿们不参与公司事务，给女儿会留下一笔钱财或以家族信托的形式保障其生活。基于这样的考虑，李老板把家族公司一部分股权转到了儿子名下，并开始让儿子接手并管理公司，自己暂且休养一段时间（见图4-14）。

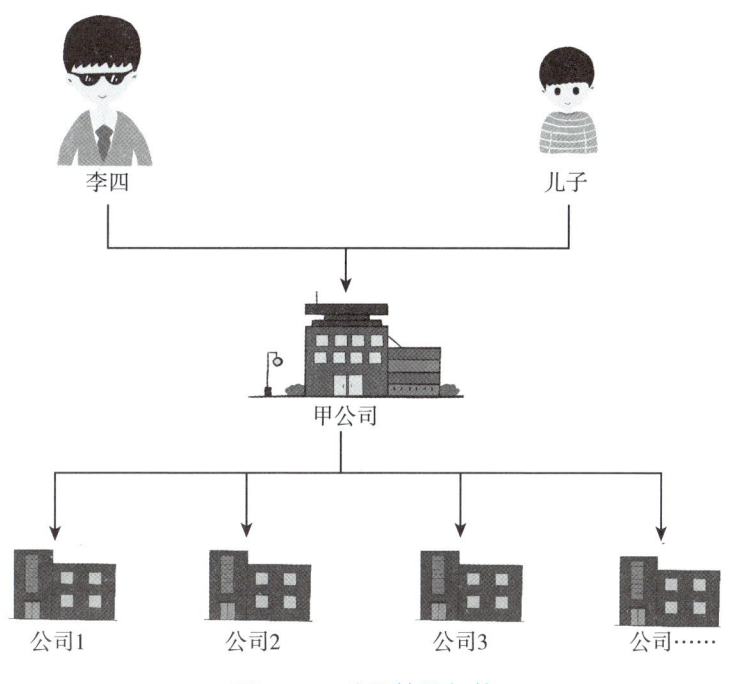

图4-14　父子持股架构

然而天有不测风云，李老板突发疾病去世，留下了很多未竟事宜，特别是公司的股权。

这里就涉及了股权继承。李老板生前的意愿是公司股权由儿子继承，且儿子已经是公司股东，这种情况下，李老板家族集团公司的股权能按照其意愿顺利地传承给儿子吗？

有的老板为使家族基业长青，代代传承，会在股权架构上就考虑到让儿子或女儿成为股东。老板是这么想的：反正百年之后公司也是要传给下一代的，现在子女就成为股东岂不是省了以后的事？然而，如果考虑不周安排不当，出现上例中的情形，会产生什么样的后果呢？

按照《中华人民共和国民法典》继承编的相关规定，李老板过世后在未立遗嘱的情况下，遗产会按照法定继承顺序进行继承。第一顺序是配偶、子女、父母。因此，李老板名下的股权，其父母、现任配偶、现任所生的儿子、前任所生的两个女儿，均有继承权。如果儿子、女儿已婚，那么继承所得的遗产，属于夫妻共同财产，儿媳妇、女婿均有份。面对如此巨大的财产诱惑，试问几个人能够淡定，不去争抢，乖乖配合老爷子的安排呢？一地鸡毛的后果在所难免……

【思考】

话又说回来了，这样的大事为什么不提前安排与规划呢？

为保证股权能够按照股东生前的意愿进行继承，股东应在有行为能力时办理工商变更手续，或在律师协助下提前立好遗嘱，并进行公证，以防出现意外时自动法定继承，导致股权归属发生纠纷。

【小贴士】

《中华人民共和国民法典》

第一千一百二十六条　继承权男女平等。

第一千一百二十七条　遗产按照下列顺序继承：

（一）第一顺序：配偶、子女、父母；

（二）第二顺序：兄弟姐妹、祖父母、外祖父母。

继承开始后，由第一顺序继承人继承，第二顺序继承人不继承；没有第一顺序继承人继承的，由第二顺序继承人继承。

本编所称子女，包括婚生子女、非婚生子女、养子女和有扶养关系的继子女。

本编所称父母，包括生父母、养父母和有扶养关系的继父母。

本编所称兄弟姐妹，包括同父母的兄弟姐妹、同父异母或者同母异父的兄弟姐妹、养兄弟姐妹、有扶养关系的继兄弟姐妹。

第一千零六十二条关于夫妻共同财产的规定：夫妻在婚姻存续期间所得的下列财产，为夫妻的共同财产，归夫妻共同所有：

（一）工资/奖金/劳务报酬；

（二）生产/经营/投资的收益；

（三）知识产权的权益；

（四）继承或者受赠的财产，但是本法第1063条第三项规定的除外；

（五）其他应当归共同所有的财产。

夫妻对共同财产，有平等的处理权。

第一千零六十三条　下列财产为夫妻一方的个人财产：

（一）一方的婚前财产；

（二）一方因受到人身损害获得的赔偿或者补偿；

（三）遗嘱或者赠与合同中确定只归一方的财产；

（四）一方专用的生活用品；

（五）其他应当归一方的财产。

(十六)股权代持有什么风险？

有老板提议说，让丈母娘给他代持股权，而且拍着胸脯肯定地说没问题！

谬论！绝对的谬论！

我们来看一个案例：

张三因为某种原因，不方便成立公司，于是让丈母娘和自己媳妇成立甲公司，丈母娘占股90%（见图4-15）。张三起早贪黑地经营了10年，甲公司累计赚了1 000万元，没有分红。为什么没分呢？当然是因为要缴20%个人所得税，一分红200万元没了。

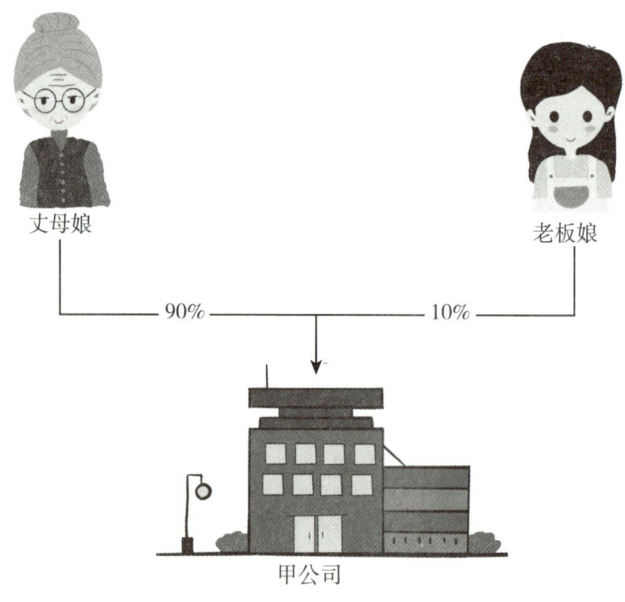

图4-15 股权代持风险

回到正题，张三最近很烦，丈母娘身体不大好，张三还有一个小舅子，这下张三心里就犯嘀咕了。

为什么呢？万一丈母娘驾鹤西去，这90%的股权还是自己的吗？

小舅子是不是要分一部分股权？就是小舅子能忍，小舅子的媳妇也忍不了啊！

【友情提示】

股权代持除了继承风险外，还存在其他方面的风险，比如当名义股东出现下列情形时：

（1）离婚时配偶要求分割股权；

（2）产生诉讼时，股权有可能会被冻结；

（3）对外担保时，连带责任可能导致的股权所有权产生瑕疵；

（4）实际股东想转正替换名义股东时，办理股权转让涉及的税务监控。

就代持协议本身而言，还可能存在以下风险：

（1）代持股协议可能无效的风险；

（2）实际出资人与名义股东因投资权益的归属发生争议的风险；

（3）未经公司过半数股东同意，不能变更为显名股东的风险……

因此，股权代持须谨慎，事前对代持人的选择、对代持双方清晰的权责利划分界定的相关约定，都是必不可少的。

【小贴士】

（1）《最高人民法院关于适用〈中华人民共和国公司法〉若干问题的规定（三）》

第二十五条　有限责任公司的实际出资人与名义出资人订立合同，约定由实际出资人出资并享有投资权益，以名义出资人为名义股东，实际出资人与名义股东对该合同效力发生争议的，如无合同法第五十二条规定的情形，人民法院应当认定该合同有效。

前款规定的实际出资人与名义股东因投资权益的归属发生争议，实际出资人以其实际履行了出资义务为由向名义股东主张权利的，人民法院应予支持。名义股东以公司股东名册记载、公司登记机关登记为由否认实际出资人权利的，人民法院不予支持。

实际出资人未经公司其他股东半数以上同意，请求公司变更股东、签发出资证明书、记载于股东名册、记载于公司章程并办理公司登记机关登记的，人民法院不予支持。

第二十六条 名义股东将登记于其名下的股权转让、质押或者以其他方式处分，实际出资人以其对于股权享有实际权利为由，请求认定处分股权行为无效的，人民法院可以参照物权法第一百零六条的规定处理。

名义股东处分股权造成实际出资人损失，实际出资人请求名义股东承担赔偿责任的，人民法院应予支持。

上述物权法第一百零六条已更新为《中华人民共和国民法典》第三百一十一条：

《中华人民共和国民法典》第三百一十一条 无处分权人将不动产或者动产转让给受让人的，所有权人有权追回；除法律另有规定外，符合下列情形的，受让人取得该不动产或者动产的所有权：

（一）受让人受让该不动产或者动产时是善意；

（二）以合理的价格转让；

（三）转让的不动产或者动产依照法律规定应当登记的已经登记，不需要登记的已经交付给受让人。

受让人依据前款规定取得不动产或者动产的所有权的，原所有权人有权向无处分权人请求损害赔偿。

当事人善意取得其他物权的，参照适用前两款规定。

（2）《中华人民共和国民法典》

第一千一百二十六条　继承权男女平等。

第一千一百二十七条　遗产按照下列顺序继承：

（一）第一顺序：配偶、子女、父母；

（二）第二顺序：兄弟姐妹、祖父母、外祖父母。

继承开始后，由第一顺序继承人继承，第二顺序继承人不继承；没有第一顺序继承人继承的，由第二顺序继承人继承。

本编所称子女，包括婚生子女、非婚生子女、养子女和有扶养关系的继子女。

本编所称父母，包括生父母、养父母和有扶养关系的继父母。

本编所称兄弟姐妹，包括同父母的兄弟姐妹、同父异母或者同母异父的兄弟姐妹、养兄弟姐妹、有扶养关系的继兄弟姐妹。

第一千零六十二条　关于夫妻共同财产的规定：夫妻在婚姻存续期间所得的下列财产，为夫妻的共同财产，归夫妻共同所有：

（一）工资/奖金/劳务报酬；

（二）生产/经营/投资的收益；

（三）知识产权的权益；

（四）继承或者受赠的财产，但是本法第1063条第三项规定的除外；

（五）其他应当归共同所有的财产。

夫妻对共同财产，有平等的处理权。

第一千零六十三条　下列财产为夫妻一方的个人财产：

（一）一方的婚前财产；

（二）一方因受到人身损害获得的赔偿或者补偿；

（三）遗嘱或者赠与合同中确定只归一方的财产；

（四）一方专用的生活用品；

（五）其他应当归一方的财产。

二、如何分配股权？

（一）与资源方合作一定给股权吗？

近几年很多老板找到我们，说跟别人合作一个项目，对方有资源，所以不知道该给对方多少股权，让我们出个主意。这种情况，我们给出的答案是坚决的，那就是不要给股权！

为什么呢？

很多创业者在创业早期希望借助外部资源，但是外部资源有没有价值、靠不靠谱，都是存在不确定性的。另外还需要注意的是，"请神容易送神难"，一旦给了股权，想要收回来那就没那么容易了！

所以说针对有价值的资源方，优先考虑项目合作，利益分成，而不是直接考虑股权合作。也就是前期宁可多分享项目利润，也不要轻易释放股权。简单来讲，如果资源方提供的资源是公司真正需要的，且人也靠谱，那没问题，下一步就可以释放股权。

其实，这件事情跟结婚是一样的，总是要先谈个恋爱，双方彼此觉得合适了，才能走向婚姻的殿堂，开启幸福的人生。如果先结婚后恋爱，发现不合适再分手离婚，难免在利益上、感情上互相撕扯，不但难保体面，还可能伤筋动骨，悔不当初啊。

（二）兼职或顾问人员一定要给股权吗？

我们在跟老板们聊天的过程中，很多老板会提到：我这个项目技术团队是××大集团的技术总工、××大学教授等牵头的，我准备给这些人才百分之多少的股权。也就是说，很多老板在项目启动或者公司创业时，会找一些外部兼职或者顾问人员撑门面，并给予部分股权。

冷静思考一下，兼职或顾问人员不可能从现有舒适环境中离职，去跟随老板创业，也不会承担创业风险，那么他们能有多长时间呆在老板的公司？价值如何衡量？一方面，兼职或顾问人员对公司或者项目的参与度、贡献度与给他们的股权会严重不匹配，性价比低；另一方面，不患寡而患不均，这种做法对在职核心团队也不公平。

对于外部兼职或者顾问人员，建议先建立业务合作关系，也就是给公司请了个顾问，约定合作期限、频率、成果等事项，公司支付费用即可，而不是释放股权。当然，如果经过合作，双方彼此认可，外部兼职或者顾问人员可以转换为公司人员，从而通过有限合伙企业等形式，释放部分股权。

重要的话再说一遍：不要轻易许诺股权！因为股权是稀缺资源！

（三）团队是完全按照出资比例分配股权吗？

作者在抖音直播的时候，有税友问：两个股东出资成立，一人只出资，另外一个出资还要参与公司日常管理，这样的情况股权怎么分配合适？

我们先看一下"罗辑思维"案例。在公众面前，罗振宇在前台吆喝和干活，是台前明星，在我们意识中，"罗辑思维"基本上等同于罗振宇。但令我们大跌眼镜的是，罗振宇只占18%股权，是小股东，申音虽然退居幕后，但是持有82%的股权，是大股东、大老板，这样的股权分配对创始合伙人来说非常不合理（见图4-16）。

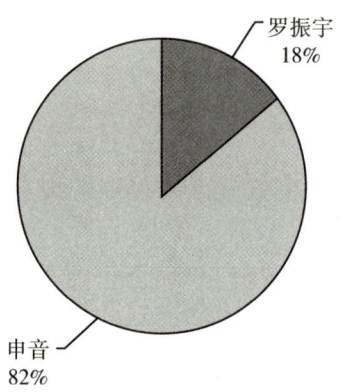

图4-16 "罗辑思维"股权架构

曾一度被外界看好的黄金搭档罗振宇和申音,最终因为股权分配问题而分手。

过去,几个股东创立公司,按照出资比例分配股权是常见操作,大家都接受。也就是说,出钱多的占股多,只出钱不参与运营管理的,照样按照出资比例取得股权,出资多少是股权分配的唯一依据。

电影《天下无贼》中的黎叔说过一句很经典的台词:"二十一世纪最重要的是什么?人才!"是的,人才。

现在,人力价值是股权分配中需要考虑的重要因素。创业初期,股权可以按照资金价值和人力价值考虑股权分配,并且预留部分股权,根据贡献度、风险承受能力等其他变量因素,进行动态调整。

回到"罗辑思维"案例,假如申音、罗振宇在公司的股权架构中考虑了股权的动态调整机制,也许可能不会出现双方散伙的后果。

(四)公司成立时有公司章程,股东之间就不需要签订投资协议了吗?

公司在筹备成立之初,公司的创始人股东可能因为资金、渠道、资源等互补优势,出于合作共赢的初衷,共同入股成立一个运营实体——

××公司。然后，公司成立——经营运作——产生利润——分配红利，按照这样一个商业闭环，实现最初创业目的。

公司有盈利后，分配红利是不可回避的环节，股东要受分红规则的约束。具体来讲，这个规则可能是公司章程，也可能是投资协议。然而现实中，草率成立公司、迅速上马项目、走一步看一步的情况比比皆是，很多创业者往往因疏于审查公司成立之时的投资协议、公司章程等文件资料，且对此未引起足够重视，从而埋下隐患，导致日后股东之间发生矛盾纠纷。很多创业者认为，公司成立时的公司章程，按工商提供的模板来就是公平的，肯定没问题，不需要额外的其他协议。真的是这样吗？我们来看如下一则案例。

甲乙双方合资开公司做工程，甲承诺会带来渠道资源，占公司股权63%，乙方占公司股权37%，其中甲方为法人股东（有限公司），乙方为自然人股东。公司成立后，甲方承诺的项目资源迟迟不见踪影，而乙方却拉来几个项目。这时候问题来了，分红是怎么个分法？乙方找到了公司章程，发现章程约定利润按《公司法》相关规定执行（见图4-17）。

第十章 财务会计制度、利润分配及劳动制度

第三十一条 公司应当依照法律、行政法规和国务院财政主管部门的规定建立本公司的财务会计制度，并应在每一会计年度终了时制作财务会计报告。

第三十二条 公司利润分配按照《公司法》及法律、法规、国务院财政主管部门的规定执行。

图4-17 公司章程

这种按工商模板套用的公司章程很普遍，那么《公司法》中关于分红到底是如何约定的呢？

《公司法》第三十四条规定，股东按照实缴的出资比例分取红利；公司新增资本时，股东有权优先按照实缴的出资比例认缴出资。但是全体股东约定不按照出资比例分取红利或不按照出资比例优先认缴出资的除外。

也就是说，如果章程没有特别约定，分红是按照实缴的出资比例来分配的。股权是一种财产权，这样设置的目的在于保护实缴出资股东的分红权，合理限制未实缴股东的分红权。当然，有限责任公司注重"人合性"，如果股东一致同意不按照实缴比例，按照其他的方式分红也可以，但需要在公司章程中做出约定并取得一致同意。

实际上，甲乙两个股东注册资本均未实缴到位，按实缴出资比例来分配的话双方都分不到。此时乙方想起来还有一份投资协议，这份投资协议里对分红的规则做了明确的规定，如图4-18所示。

2.3 项目公司设立完成后各方的持股比例如下：

/	甲方	乙方
持股比例	【63】%	【37】%

2.4 甲乙双方应在项目公司银行账户开立完成之日起30日内，将各自认缴出资额的20%实缴到位；后续根据项目公司实际经营需要按比例实缴出资。

2.5 甲乙双方应按2.4条的约定，将出资及时、足额地划入为设立公司所指定的银行账户。任何一方不按照前款规定缴纳出资，除应当向项目公司足额缴纳外，还应当向已按期足额缴纳出资的股东承担相当于到期未缴纳出资额的10%的违约金。任何一方不履行出资义务的，已履行出资义务的股东有权催告，催告后仍未按时出资的，已履行出资义务的股东有权按照实际出资额调整公司注册资本及持股比例。

2.6 双方按照认缴出资比例进行利润分配，但一方认缴注册资金全部实缴到位前，该方可获得的分配利润应当首先用于缴纳出资。

图4-18 投资协议

按照这份投资协议的约定，甲方可以按照认缴比例63%来分配红利，且获得的红利首先可用于缴纳出资。甲方不用出资，坐等分红到手后，就转为实际出资，成为名正言顺的股东。也就是说，甲方这个股东什么也不用干，甚至连出资的义务都可以用分红来解决，只需要挂个股东的名就好了。乙方拉来的资源，当初为什么要分给甲方63%的股权，白白让甲方占大头呢？甲方如今利用这份协议轻松就可以实现空手套白狼。

乙方这时反应过来了，项目不能再放到这个公司来做了，否则对自己这一方来讲损失太大。

事情到了这里，出现一个问题：本案例中出现了两份文字性协议，一个是公司章程，一个是投资协议，且两者对分红事项有不同的约定，到底是按照哪一个来呢？

上海市第二中级人民法院在（2013）沪二中民四（商）终字第733号案件中认为："公司章程作为对公司重要和基本问题作出明确规定的公众法律文件，对公司股东以外的债权人以及其他社会公众而言，是其赖以了解公司的基本依据，但对股东来说，公司章程仅是股东之间的一种契约，股东可以通过其他合意且在不违反强制性规定的情况下进一步明确各自的权利义务，甚至否定公司章程的约定，故在股东之间应以股东的真实意思合意为准。"

股东协议与公司章程的效力孰优孰劣不能一概而论，因两者的调整范围并不相同。在"你有我无"的情形之下，公司章程与股东协议并不会存在冲突的问题；只有在两者均有约定时，才会产生冲突。在确定两者的效力适用规则时，应以"内外有别"作为判别标准：在处理股东间权责问题时，如公司章程无相反规定，则应适用股东协议相关约定；在公司章程亦有规定时，应当根据实际情况进行区分，判别股东"真实意思表示"。在处理股东出资等带有"对外"性质事项时，应当优先考虑适用公司章程相关规定。在公司章程规定不明或是无相关规定时，股东协议相关约定可以作为补充适用。

如果在投资协议中有排他性的约定，如"如果公司章程与出资协议不一致时，以出资协议内容约定为准"，当然以出资协议为准。

【友情提示】

在实务中，公司成立时，股东之间大都是朋友关系，或者彼此比较熟悉，投资协议容易出现约定不明确的情况，给未来留下了隐患。据不完全统计，大多数的创业企业都没有签署股权投资协议。

（五）小股东能被公司除名吗？

谬论！绝对的谬论！

因为《公司法》没有明确约定除名事项，仅约定了股东严重违反出资义务的情形下，公司可以股东会决议解除该股东的股东资格。对此理论界也争议颇大！另外，《公司法》规定了对股东会决议投反对票的股东可以请求公司回购股权的几种情形，但即使符合，主动权也在该股东手里。

简单来说，很难将股东除名！也就是会出现"一日为股东，终生为股东"的情形！

据不完全统计，大多数的公司没有任何合伙人股东退出机制。我们在实务中发现，没有约定合伙人股东退出机制的公司远远高于这个比例。

实务中由于没有约定离职（跳槽、不胜任、健康原因或家庭变故）、离婚、继承等情形下的股东退出机制，导致出现变故时，股东坚决不退股的情形不胜枚举，对此大股东也束手无策，这也成了合伙人股权战争最大的导火索之一。

即使公司章程中没有相应的约定事项，实际上也可以通过股东协议制定相应的退出机制，并约定相应的违约金。这份协议受《民法典》保护，当触发退出机制，小股东不愿退出时，大股东可以凭协议与小股东谈判。即使小股东不愿放弃手中的股权，也需要付出金钱的代价（违约赔偿），两者权衡，才能起到制约的效果。

【小贴士】

（1）《最高人民法院关于适用〈中华人民共和国公司法〉若干问题的规定（三）》（法释〔2011〕3号）

第十八条　有限责任公司的股东未履行出资义务或者抽逃全部出资，经公司催告缴纳或者返还，其在合理期间内仍未缴纳或者返还出资，公司以股东会决议解除该股东的股东资格，该股东请求确认该解除行为无效的，人民法院不予支持。

（2）《中华人民共和国公司法》

第七十四条　有下列情形之一的，对股东会该项决议投反对票的股东可以请求公司按照合理的价格收购其股权：

（一）公司连续五年不向股东分配利润，而公司该五年连续盈利，并且符合本法规定的分配利润条件的；

（二）公司合并、分立、转让主要财产的；

（三）公司章程规定的营业期限届满或者章程规定的其他解散事由出现，股东会会议通过决议修改章程使公司存续的。

自股东会会议决议通过之日起六十日内，股东与公司不能达成股权收购协议的，股东可以自股东会会议决议通过之日起九十日内向人民法院提起诉讼。

第七十五条　自然人股东死亡后，其合法继承人可以继承股东资格；但是，公司章程另有规定的除外。

(3)《中华人民共和国民法典》

第五百七十七条 当事人一方不履行合同义务或者履行合同义务不符合约定的,应当承担继续履行、采取补救措施或者赔偿损失等违约责任。

第五百八十四条 当事人一方不履行合同义务或者履行合同义务不符合约定,造成对方损失的,损失赔偿额应当相当于因违约所造成的损失,包括合同履行后可以获得的利益;但是,不得超过违约一方订立合同时预见到或者应当预见到的因违约可能造成的损失。

第五百八十五条 当事人可以约定一方违约时应当根据违约情况向对方支付一定数额的违约金,也可以约定因违约产生的损失赔偿额的计算方法。

约定的违约金低于造成的损失的,人民法院或者仲裁机构可以根据当事人的请求予以增加;约定的违约金过分高于造成的损失的,人民法院或者仲裁机构可以根据当事人的请求予以适当减少。

当事人就迟延履行约定违约金的,违约方支付违约金后,还应当履行债务。

(六)多个股东如何分配股权?

作者在抖音直播过程中,有税友问:几个人合伙开公司应该怎么分股权?

股权分配不仅要考虑资金因素,还需要考虑人力资本、工作能力、风险承受能力、公司参与度及贡献度等因素,是系统性工程。

在这里简单说几个错误的股权分配案例，比如，2个股东，各占50%，划江而治；3个股东各占33.33%，平分天下；或者3个股东的股权比例为40%：30%：30%，大股东大而不独……

其实，无论怎么分配股权，公司都必须要有明确的大股东，占股67%以上。大股东不清晰，会影响到这些企业的决策效率，甚至引发创业团队内部的股权战争。

所以，为读者提供以下几个分配方案：

（1）2个股东：80%：20%或70%：30%（大股东清晰，快速决策），大股东至少67%（绝对控制）。

（2）3个股东：70%：20%：10%（大股东清晰，快速决策），60%：30%：10%（相对控制）或51%：29%：20%（相对控制）。分配原则就是：大股东占股比＞二股东占股比＋三股东占股比。

这里不得不佩服我们汉字的博大精深，一个"中"加一个"心"，就是"忠"心耿耿，两个"中"加一个"心"就是祸"患"无穷！

（3）不建议3个以上股东创业。实务中公司创业成功的概率较低，有句老话说得好：一个和尚挑水吃，两个和尚抬水吃，三个和尚没水吃，和尚再多了就更没水吃了！

【友情提示】

在考虑股权比例分配时，需要重点关注一下公司章程（比如约定表决权比例）和股东身份选择（比如成立有限合伙企业，分股不分权）。

详见本书下篇"股权篇""股东必须按照持股比例行使表决权吗？""普通合伙人（GP）一定承担连带责任吗？"

三、如何保障公司控制权？

（一）大股东就能一手遮天吗？

谬论！绝对的谬论！

张三、李四、王五是大学同学，合伙成立了X公司，张三在行业内有丰富的人脉关系，负责业务承揽、人际关系处理，持有49%的股权；李四管理能力出色，负责内部管理，持有47%的股权；王五做具体工作，持有4%的股权（见图4-19）。

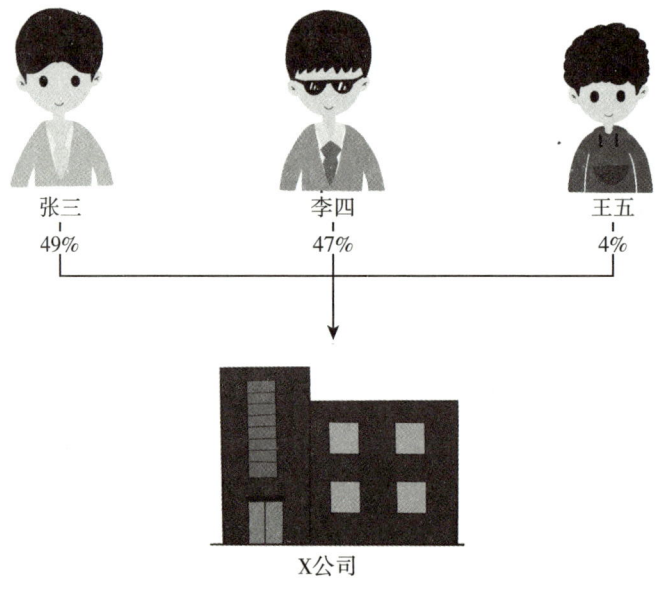

图4-19　三人持股架构

随着时间的推移，张三的冒险精神和李四的谨慎风格冲突越来越明显。

最近因为一项业务需要垫资1 000万元，张三和李四产生了很大的分歧。张三认为现在贷款成本很低，该业务的预期收益率在30%以上，十分划算，是一笔难得的买卖；李四认为公司自有资金有限，承揽该项业务需要向银行借款，风险较大，这事不能干。双方因此僵持不下。

王五先后得到张三和李四的电话，希望在股东会上同意他们各自的建议，王五对此不知该如何处理。

此时此刻，王五突然发现：你们争什么，我才是老大！

这个案例就可以看出在股权分配中控制权的重要性了。也就是说，团队中必须有明确的老大，才能快速决策。

【小贴士】

《中华人民共和国公司法》

（一）表决权51%以上

1.有限责任公司

（1）表决权。

第四十二条 股东会会议由股东按照出资比例行使表决权；但是，公司章程另有规定的除外。

（2）投资与担保。

第十六条 公司向其他企业投资或者为他人提供担保，依照公司章程的规定，由董事会或者股东会、股东大会决议；公司章程对投资或者担保的总额及单项投资或者担保的数额有限额规定的，不得超过规定的限额。

公司为公司股东或者实际控制人提供担保的，必须经股东会或者股东大会决议。

前款规定的股东或者受前款规定的实际控制人支配的股东，不得参加前款规定事项的表决。该项表决由出席会议的其他股东所持表决权的过半数通过。

2.股份有限公司

（1）股东大会决议。

第一百零三条　股东出席股东大会会议，所持每一股份有一表决权。但是，公司持有的本公司股份没有表决权。

股东大会作出决议，必须经出席会议的股东所持表决权过半数通过。但是，股东大会作出修改公司章程、增加或者减少注册资本的决议，以及公司合并、分立、解散或者变更公司形式的决议，必须经出席会议的股东所持表决权的三分之二以上通过。

（2）股东创立大会的举行。

第九十条　发起人应当在创立大会召开十五日前将会议日期通知各认股人或者予以公告。创立大会应有代表股份总数过半数的发起人、认股人出席，方可举行。

创立大会行使下列职权：

（1）审议发起人关于公司筹办情况的报告；

（2）通过公司章程；

（3）选举董事会成员；

（4）选举监事会成员；

（5）对公司的设立费用进行审核；

（6）对发起人用于抵作股款的财产的作价进行审核；

（7）发生不可抗力或者经营条件发生重大变化直接影响公司设立的，可以作出不设立公司的决议。

创立大会对前款所列事项作出决议，必须经出席会议的认股人所持表决权过半数通过。

（二）表决权67%以上

1.有限责任公司

第四十三条　股东会的议事方式和表决程序，除本法有规定的外，由公司章程规定。

股东会会议作出修改公司章程、增加或者减少注册资本的决议，以及公司合并、分立、解散或者变更公司形式的决议，必须经代表三分之二以上表决权的股东通过。

2.股份有限公司

（1）股东大会决议。

第一百零三条　股东出席股东大会会议，所持每一股份有一表决权。但是，公司持有的本公司股份没有表决权。

股东大会作出决议，必须经出席会议的股东所持表决权过半数通过。但是，股东大会作出修改公司章程、增加或者减少注册资本的决议，以及公司合并、分立、解散或者变更公司形式的决议，必须经出席会议的股东所持表决权的三分之二以上通过。

（2）上市公司购买/出售资产或担保。

第一百二十一条　上市公司在一年内购买、出售重大资产或者担保金额超过公司资产总额百分之三十的，应当由股东大会作出决议，并经出席会议的股东所持表决权的三分之二以上通过。

（二）股东必须按照持股比例行使表决权吗？

张三、李四、王五成立甲公司，出资比例分别为40%、30%、30%（见图4-20），如果按照出资比例说话，您说谁是老大？

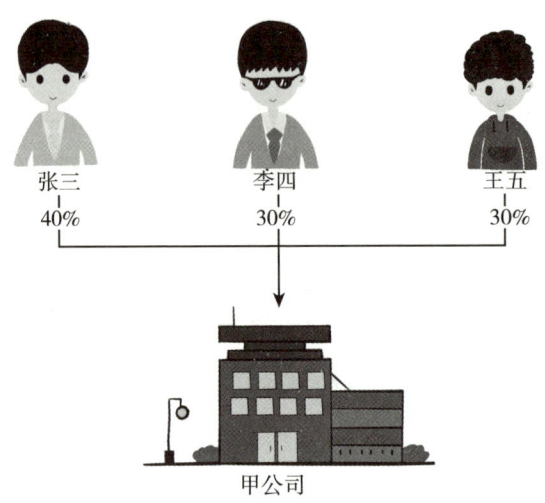

图4-20 股东如何行使表决权

这就尴尬了,公司缺少老大,没有人拍板决策或者决策不通过,公司发展就会成问题。那怎么办呢?

张三、李四、王五达成一致意见,在章程中约定,张三虽然仅持有40%的股权,但是拥有67%的表决权,也就是话语权,在公司出现重大事项需要决策时,张三就可以拍板了。

关于股东表决权,也就是谁说了算的问题,原则上由股东按照出资比例说话,但是股东通过修改章程,可以进行个性化约定表决权。

【小贴士】

《中华人民共和国公司法》

第四十二条 股东会会议由股东按照出资比例行使表决权;但是,公司章程另有规定的除外。

第四十三条 股东会的议事方式和表决程序,除本法有规定的外,由公司章程规定。

股东会会议作出修改公司章程、增加或者减少注册资本的决议，以及公司合并、分立、解散或者变更公司形式的决议，必须经代表三分之二以上表决权的股东通过。

（三）拥有51%的股权就什么都能说了算吗？

谬论！绝对的谬论！

张三、李四有一家甲公司，张三持有60%股权，李四持有40%股权。最近张三看中一项目，觉得不错，肯定能挣大钱。但这个项目需要增加公司经营范围。李四不以为然，觉得这个项目没前途，死活不同意修改经营范围，张三自己能决定修改吗？

答案是否定的，因为修改公司章程必须经代表三分之二以上表决权的股东通过，张三持有60%表决权[1]，不够三分之二，所以很尴尬。

【小贴士】

《中华人民共和国公司法》

第四十二条　股东会会议由股东按照出资比例行使表决权；但是，公司章程另有规定的除外。

第四十三条　股东会的议事方式和表决程序，除本法有规定的外，由公司章程规定。

股东会会议作出修改公司章程、增加或者减少注册资本的决议，以及公司合并、分立、解散或者变更公司形式的决议，必须经代表三分之二以上表决权的股东通过。

---

[1] 有限公司中如果公司章程对表决权无特殊约定，则持有股权比例即等于持有表决权比例。

（四）股东持有90%的股权比例就万无一失了吗？

谬论！绝对的谬论！

在作者进行"税苑杂谈"抖音直播时，有税友问：股权9∶1有什么弊端吗？

正常情况下，持股比例90%已经掌握了公司的绝对控制权，公司层面的事情基本全都能说了算。但是也不尽然，比如即使10%的小股东违规，90%的大股东也不可能把10%的小股东踢出去。为什么呢？因为《公司法》里几乎没有除名这一说，也就是说，"一日为股东，终生为股东"，有想做实股股权激励的老板要注意了。

除名事项详见本书下篇《股权篇》"小股东能被公司除名吗？"

另外，我们也要关注10%股权由谁持有。因为只要是股东，就有一项致命的权利，那就是知情权。说白了，就是查账权，因为很多公司在经营过程中多多少少都有不规范的地方，不查账没事，一查账，就很容易出现问题。

【小贴士】

《中华人民共和国公司法》

第二章 有限责任公司的设立和组织机构

第三十三条 股东有权查阅、复制公司章程、股东会会议记录、董事会会议决议、监事会会议决议和财务会计报告。

股东可以要求查阅公司会计账簿。股东要求查阅公司会计账簿的，应当向公司提出书面请求，说明目的。公司有合理根据认为股东查阅会计账簿有不正当目的，可能损害公司合法利益的，可以拒绝提供查阅，并应当自股东提出书面请求之日起十五日内书面答复股东并说明理由。公司拒绝提供查阅的，股东可以请求人民法院要求公司提供查阅。

（五）老板投资公司必须100%持股才能控制公司吗？

我们分析一下上市公司天士力医药集团股份有限公司的股权架构。

天士力控股集团持有天士力股份45.33%的股份，为大股东，有一定话语权。

天士力大健康持有天士力控股集团67.084%的股权，超过三分之二，也就是说握有绝对控制权。

天津富华德科技、天津帝智投资分别持有天士力大健康51%、17.5%的股权，合计68.5%，同样超过三分之二，也是绝对控制。

闫希军、闫凯境父子持有天津富华德科技共82%股权，属于绝对控制（见图4-21）。

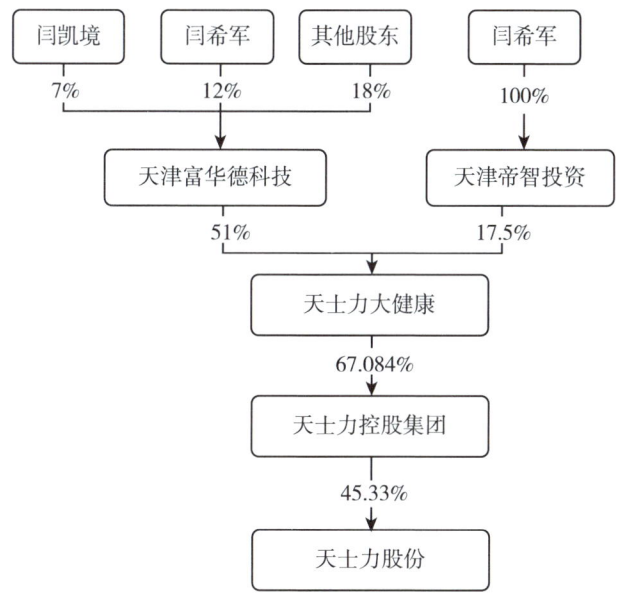

图4-21　天士力股份股权架构[①]

---

① 股权架构信息来源于企查查。

也就是说，对于天津富华德科技、天士力大健康、天士力控股集团来说，闫希军、闫凯境父子都不是100%持股，但是不影响他们的控制权。

【总结】

实际上，老板可以通过间接持股形式形成一个金字塔式的控制链，利用杠杆原理，以小搏大，从而实现对公司的控制。

【友情提示】

投资者可以实际支配上市公司股份的表决权超过30%时，可以被认定为拥有上市公司的控制权，30%也是上市公司控制权的认定线。

【小贴士】

《中华人民共和国公司法》

第一百零三条　股东出席股东大会会议，所持每一股份有一表决权。但是，公司持有的本公司股份没有表决权。

股东大会作出决议，必须经出席会议的股东所持表决权过半数通过。但是，股东大会作出修改公司章程、增加或者减少注册资本的决议，以及公司合并、分立、解散或者变更公司形式的决议，必须经出席会议的股东所持表决权的三分之二以上通过。

（六）如何利用"有限合伙企业"实现"分股不分权"？

我们在跟老板们聊股权规划时，有很多老板都有股权激励的想法，但是也有顾虑，比如是否会因此失去话语权呢？

这里我们来探讨一种股权架构，分析一下如何解决老板顾虑。

甲公司的老板张三，打算给员工实施股权激励，但是又不想失去控制权或者话语权，于是找到我们搭建了图4-22所示的架构。利用"有限合伙企业"这种特殊的组织形式，实现分股不分权的目的。

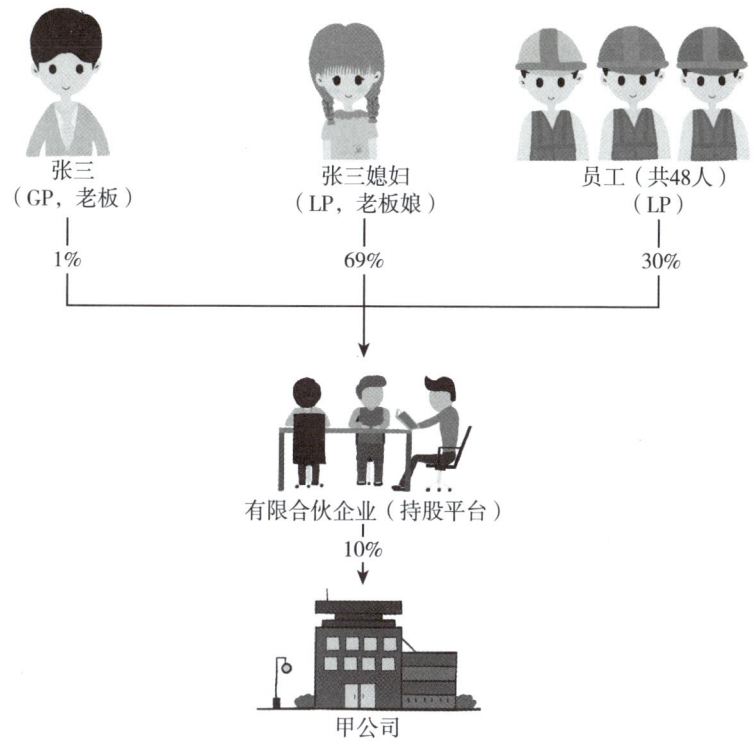

图4-22 有限合伙持股架构

主要操作如下：

（1）注册一家有限合伙企业作为持股平台，老板作为GP，也就是普通合伙人，掌握控制权；张三媳妇与员工作为LP，即有限合伙人，只有收益权，没有话语权。这种情况下，有限合伙企业持有甲公司10%的股权，老板说了算，虽然老板只占有限合伙企业1%份额。

（2）张三媳妇（老板娘）作为LP，为代持，预留期权或者分期行权。

（3）因为有限合伙企业的合伙人最多50个，所以员工为1到48；

如果激励人数超过48，注册一个合伙企业作为持股平台的合伙人或者成为甲公司的股东。

【友情提示】

如果甲公司上市，因为该有限合伙企业的普通合伙人（GP）为张三，张三为甲公司的实际控制人，员工的股票的锁定期为36个月。

股权融资或其他方面想实现分股不分权的目的，也可采用有限合伙企业的方式。

【小贴士】

《中华人民共和国合伙企业法》

第二条　本法所称合伙企业，是指自然人、法人和其他组织依照本法在中国境内设立的普通合伙企业和有限合伙企业。

普通合伙企业由普通合伙人组成，合伙人对合伙企业债务承担无限连带责任。本法对普通合伙人承担责任的形式有特别规定的，从其规定。

有限合伙企业由普通合伙人和有限合伙人组成，普通合伙人对合伙企业债务承担无限连带责任，有限合伙人以其认缴的出资额为限对合伙企业债务承担责任。

第六十七条　有限合伙企业由普通合伙人执行合伙事务。执行事务合伙人可以要求在合伙协议中确定执行事务的报酬及报酬提取方式。

第六十八条　有限合伙人不执行合伙事务，不得对外代表有限合伙企业。

（七）普通合伙人（GP）一定承担连带责任吗？

谬论！绝对的谬论！

很多老师通过学习《合伙企业法》，了解到有限合伙企业至少应当有一个普通合伙人，普通合伙人执行合伙事务，对合伙企业债务承担无限连带责任。

经常会问：普通合伙人是不是通过有限公司就可以规避风险？比如搭建有限合伙企业时，用一个注册资本10万元的有限公司作为普通合伙人。难道普通合伙人真的要承担连带责任吗？

我们通过一个案例来分析一下：

甲公司的老板张三，是个好老板，有几个兄弟跟着张三打拼多年，劳苦功高，创业时张三曾许诺有福同享有难同当，现在挣钱了该兑现承诺了，于是找到我们给设计一个如图4-23所示的股权架构。

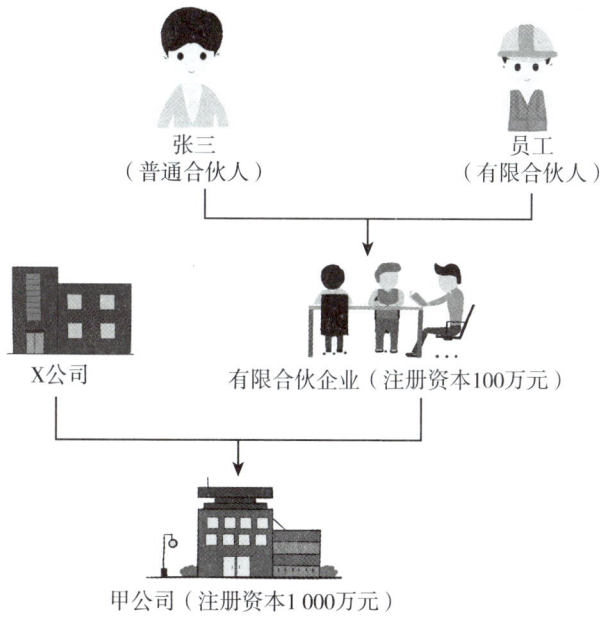

图4-23　普通合伙人的责任划分

甲公司注册资本1 000万元，已实缴到位。张三的公司X持有甲公司90%股权，新设的有限合伙企业注册资本100万元，占甲公司10%股权。

问题来了，甲公司对外欠债1亿元，张三作为普通合伙人承担多少责任呢？

我们要重温一下有限公司的有限责任，只要股东没有恶意损害债权人的利益，那么股东X公司以出资额900万元为限承担责任，有限合伙企业以出资额100万元为限承担责任。前面说了，甲公司的注册资本已经实缴到位，也就是说有限合伙企业100万元的义务已经尽到了，那张三还用承担连带责任吗？答案显而易见，不用承担连带责任。

也就是说，只要合伙企业不做具体经营业务，原则上没什么大风险。

【小贴士】

《中华人民共和国公司法》

第三条　公司是企业法人，有独立的法人财产，享有法人财产权。公司以其全部财产对公司的债务承担责任。

有限责任公司的股东以其认缴的出资额为限对公司承担责任；股份有限公司的股东以其认购的股份为限对公司承担责任。

（八）一致行动人是什么东西？

在养元饮品申报的招股说明书中，姚奎章直接持有养元饮品23.36%，持有雅智顺投资34.87%，未能取得对雅智顺投资的控制权，那么姚奎章对养元饮品的控制权仅为23.36%，证监会第一次审核时，认定养元饮品处于无实际控制人状态，上市未通过。后来雅智顺投资召开临时股东会，通过《姚奎章先生与雅智顺投资有限公司一致行动人协议》的议案，签署了一致行动人协议，姚奎章成为养元饮品的实际控制人，拥有养元饮品43.75%的控制权，上市成功（见图4-24）。

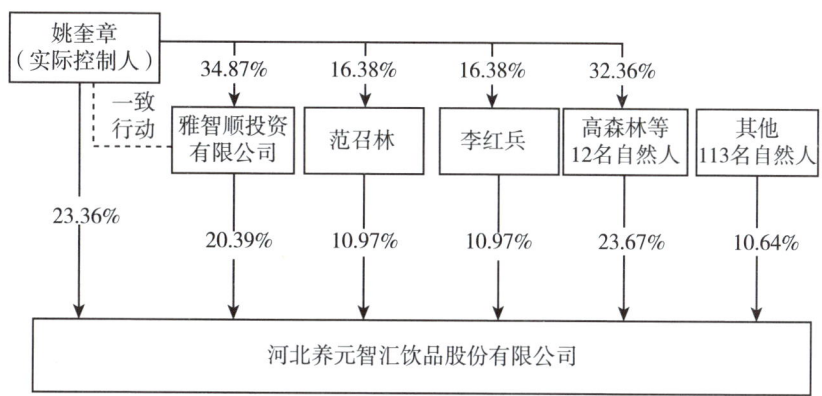

图4-24　养元饮品（603156）股权架构[①]

股东签署一致行动人协议，相当于股东就一些重要事项达成一致意见，并体现在协议中，抱团一致对外。当然，如果股东不按照一致行动人协议约定的一致行动事项表决，也会受到法律惩罚。

【小贴士】

（1）《中华人民共和国公司法》

第二百一十六条　实际控制人，是指虽不是公司的股东，但通过投资关系、协议或者其他安排，能够实际支配公司行为的人。

（2）《上市公司收购管理办法》

"一致行动人"的定义为：投资者通过协议、其他安排，与其他投资者共同扩大其所能够支配的一个上市公司股份表决权数量的行为或者事实。

[①] 股权架构信息来源于养元饮品（603156）招股说明书。

（九）委托投票权和一致行动人是一回事吗？

谬论！绝对的谬论！

上市公司*ST万方的控股股东万方源持股比例37.69%，2021年8月26日，万方源将持有的上市公司26%的表决权，无条件且不可撤销地全部委托惠德实业行使，惠德实业成为上市公司的控股股东，取得上市公司控制权（见图4-25）。

证券代码：000638　　证券简称：*ST万方　　公告编号：2021-070

万方城镇投资发展股份有限公司

关于控股股东签署《表决权委托协议》暨公司控制权

拟发生变更的提示性公告

本公司及其董事会全体成员保证信息披露内容的真实、准确、完整，没有虚假记载、误导性陈述或重大遗漏。

特别提示：

1. 截至本公告披露日，万方城镇投资发展股份有限公司（以下简称"公司"或"万方发展"）控股股东北京万方源房地产开发有限公司（以下简称："万方源"）与白山市惠德实业有限责任公司（以下简称："惠德实业"）签订了《表决权委托协议》，根据协议，万方源以部分表决权委托及部分表决权放弃的方式，失去上市公司的控制权，惠德实业成为上市公司的控股股东，取得上市公司控制权。

一、交易概述

2021年8月26日，公司控股股东万方源与惠德实业签署了《表决权委托协议》，根据协议，万方源将持有的公司80 444 000股股份，占公司总股本的26%对应的表决权（包括但不限于提名和提案权等股东权利）无条件且不可撤销地全部委托惠德实业行使，委托期限为协议生效之日起五年，为实现委托目的并确保控制权的稳定，万方源在表决权委托期限内，无条件且不可撤销地放弃除委托股份之外的其他全部股份对应的表决权及提名和提案权等权利。截至本公告日，放弃表决权股份为36 156 000股（对应11.69%股份），惠德实业成为上市公司的控股股东，取得上市公司控制权。

图4-25　*ST万方（000638）临时报告

也就是说，股东可以委托代理人在授权范围内行使表决权。

那委托投票权和一致行动人协议是一回事吗？其实不然。

一致行动人协议约束下，大股东和小股东无论意见是否一致，都要听大股东的。

委托投票权则是作为委托人的股东完全放弃表决权，交由受托人行使。

一致行动人需要各方均为公司股东，委托投票权的受托方可以不是公司股东，如上述案例中，惠德实业并不是*ST万方的股东。

【小贴士】

《中华人民共和国公司法》

第一百零六条　股东可以委托代理人出席股东大会会议，代理人应当向公司提交股东授权委托书，并在授权范围内行使表决权。

（十）营业执照与公章需不需要放入保险柜？

营业执照和公章，一证一章，对外即代表一个公司，可以用来办理绝大多数对公事项，平常应当如何保管呢？

我们看一个真实的案例：

老板张三从自然人李四、王五手里买入了甲公司的大部分股权，成为了控股股东（见图4-26），甲公司也从深圳迁到了张三常住的城市青岛，李四和王五也举家来到了青岛，辅佐张三一起共创一番事业。

一开始的合作蜜月期，张三、李四、王五感情非常好，互相信任和支持。李四、王五来青岛后没地方住，张三提供住房；交通不便，张三提供车；甲公司原来欠的钱，张三还，感情相当融洽。

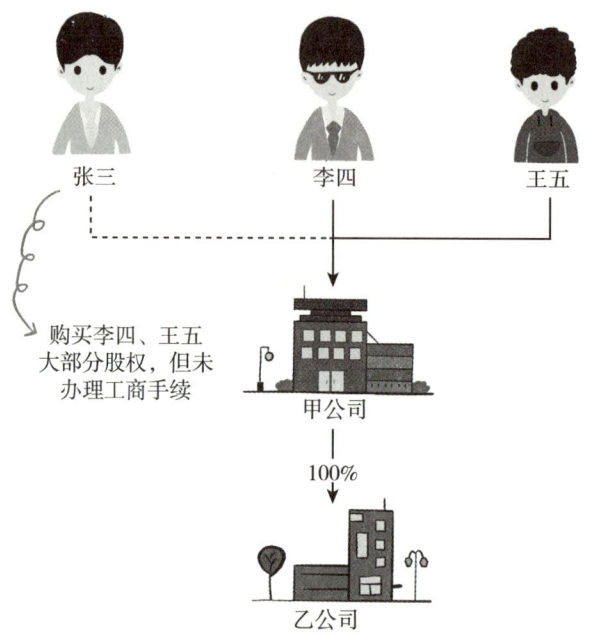

图4-26 股权代持示意图

然而随着公司的发展,张三、李四、王五经营理念逐渐产生了分歧,关系变得剑拔弩张,最终矛盾到了不可调和的地步。在2021年7月,李四趁行政人员未锁办公柜的空当,夺走了公司的公章,以此威胁张三满足他提出的利益诉求。张三非常生气上火,然而冷静下来,张三意识到,当时购买甲公司股权的时候,并未办理工商变更手续,也未签代持协议,在收购甲公司之后,张三还通过甲公司投资了一家乙公司,导致目前的局面非常复杂。

好在营业执照还在张三手里,于是张三拿着营业执照挂失公章,重新刻章,同时把甲公司持有乙公司的股权做了变更。然而变更完成后,李四拿着公章大闹工商局:"公章在我手里,你们怎么能办理变更乙公司的股权手续呢?"工商局也很委屈:你们挂失了公章,又重新刻了公章,这一套程序工商是认可的,是没有问题的。

后来李四对股权变更有异议，在律师的协助下，以职务侵占名义冻结了乙公司的股权，双方由此开始拉锯战。

> **【总结】**
>
> 假设营业执照与公章同时丢失，是先补办营业执照还是补办公章？
>
> 在补办营业执照时，要求须提交加盖公章的相关文件；在补办公章时，又需要提供营业执照。上述流程似乎陷入了先有鸡还是先有蛋的无限循环，其实正确的做法是首先要补办营业执照，然后才能补办公章。营业执照的重要性优于公章，两者均需要妥善保管。

（十一）股东只能按照持股比例分红吗？

谬论！绝对的谬论！

有读者问，老板持有公司80%股权，股东能超过持股比例分红吗？

必须的，但不能太过分，比如持股比例80%，分90%或95%，原则上也没有大问题。

为什么呢？因为《公司法》约定股东可以不按照出资比例分红，既然公司法有约定，公司之间的分红又免税，那么是否可以只给法人公司股东分红，不给老板个人分红呢？

您想多了，虽然公司法层面没问题，但是税法上还得有合理的正当理由，否则税务局会动用反避税条款。当然，也不是说完全不可能，比如前三年只有法人股东投资，个人股东不出资，双方约定，前三年的分红只给法人股东，后面再按照比例分红，这也符合逻辑。

【小贴士】

《中华人民共和国公司法》

第三十四条 股东按照实缴的出资比例分取红利；公司新增资本时，股东有权优先按照实缴的出资比例认缴出资。但是，全体股东约定不按照出资比例分取红利或者不按照出资比例优先认缴出资的除外。

（十二）股东股权转让必须经过其他股东同意吗？

谬论！绝对的谬论！

股东股权转让要区分对内转让还是对外转让。

有限责任公司的股东之间可以相互转让其全部或者部分股权。也就是说，内部股东之间转让，不需要其他股东同意，可以直接转让，想转给谁就转给谁。

股东向股东以外的人转让股权，应当经其他股东过半数同意。这里需要重点注意，所谓"过半数"指的是人数，不是股权比例。也就是说，对外转让应征得其他股东同意，其他股东有优先购买权，不同意就得购买，不购买视为同意转让。

当然也有例外，公司章程对股权转让另有规定的，从其规定，即可以章程约定限制股权转让时其他股东的优先购买权。

【小贴士】

《中华人民共和国公司法》

第三章 有限责任公司的股权转让

第七十一条 有限责任公司的股东之间可以相互转让其全部

或者部分股权。

股东向股东以外的人转让股权,应当经其他股东过半数同意。股东应就其股权转让事项书面通知其他股东征求同意,其他股东自接到书面通知之日起满三十日未答复的,视为同意转让。其他股东半数以上不同意转让的,不同意的股东应当购买该转让的股权;不购买的,视为同意转让。

经股东同意转让的股权,在同等条件下,其他股东有优先购买权。两个以上股东主张行使优先购买权的,协商确定各自的购买比例;协商不成的,按照转让时各自的出资比例行使优先购买权。

公司章程对股权转让另有规定的,从其规定。

第五章 股份有限公司的股份发行和转让

第一百三十七条 股东持有的股份可以依法转让。

第一百三十八条 股东转让其股份,应当在依法设立的证券交易场所进行或者按照国务院规定的其他方式进行。

第五章
股权激励

一、股权激励是万能的吗？

谬论！绝对的谬论！

虽然有一句话：激励机制决定了公司跑多快，但是股权激励不是万能的良药！

我们在跟老板聊股权时，很多老板对股权激励趋之若鹜，认为股权激励能够解决公司现有问题，促进公司的发展，但是现实中股权激励成功的公司少之又少。我们来分析一下：

很多公司做股权激励的时机不合适。对部分中层来说，他们有房贷压力，上有老下有小；对年轻员工而言，他们很多可能连马斯洛需求层次理论中的"生理需求""安全需求"还未满足（见图5-1），如何跟他们谈理想谈情怀？

这个时候，相比股权激励，直接现金激励的效果会更好！

当然，经过现金激励，遴选出优秀人才，培养他们对公司的价值认可度，这个时候实施股权激励效果最佳！

也就是说，这个时候才能聚焦员工形成命运共同体，引起员工对自己股东身份的认同，实现"打工者"向"主人翁"的转变。

股权激励确实能够帮助企业提升绩效，但也要结合自身客观实际情况统筹设计，不可盲目追风！

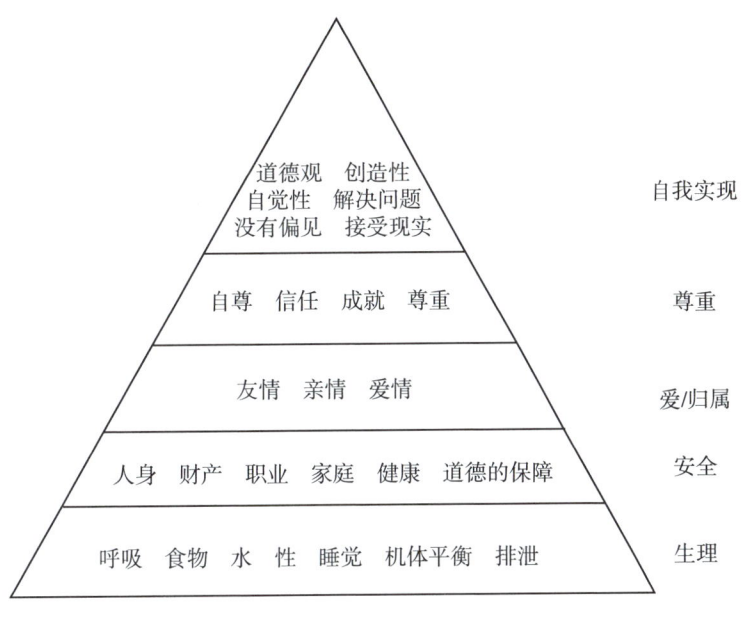

图 5-1　马斯洛需求层次理论

二、给员工股权激励必须给实股吗？

谬论！绝对的谬论！

我们在做股权规划项目时，曾经有个老板说了这么句话：花了一亿元的代价，知道了不能给员工实股！也就是不能给他们工商在册股东身份！

其实很多企业老板都有类似的痛苦经历，所以有必要说一下实股的弊端。既然发放的是实股，员工就是公司的股东，就拥有了相应的权利。章程用的是工商局的模板，也没有进行个性化约定，这就给公司经营带来了太多的不确定性，比如查账权、股权转让、增资等。

这里面最要命的就是查账权，公司在经营上很难做到完全规范，一言不合就举报的案例，不胜枚举！后果不堪设想！

其实股权激励还有很多形式可以选择，比如虚拟股权是适合中小企业进行股权激励的最佳方式。

【友情提示】

虚拟股权是指公司使激励对象名义上享有股份，而实际上没有表决权和剩余分配权，不能转让，仅享有持有这些股份所产生的一部分收益，其中收益分为三种方式，具体为分红权、增值权、分红权+增值权。

分红权——公司向符合条件的激励对象授予占总股本一定比例的虚拟股份，未来的激励对象有权利根据公司的分红条件享受此部分股权的分红收益，其本质是员工参与公司年度剩余利润分配，偏向于短期激励。年度效益好则达激励预期，反之不达激励预期。

增值权——公司给予计划参与人的一种权利，持有人可以不通过实际买卖股票，仅通过模拟股票认股权的方式，在规定时间内根据其持有的增值权份额，以及所对应的净资产的增加幅度，获得由公司支付的行权收入。

分红权+增值权——公司向符合条件的激励对象授予占总股本一定比例的虚拟股份，激励对象享有股权的分红收益和增值收益，但无表决权。其本质是员工像股东一样享有税后利润及滚存利润，激励效果偏长期化。

【小贴士】

《中华人民共和国公司法》

第三十三条 股东有权查阅、复制公司章程、股东会会议记录、董事会会议决议、监事会会议决议和财务会计报告。

股东可以要求查阅公司会计账簿。股东要求查阅公司会计账簿的，应当向公司提出书面请求，说明目的。公司有合理根据认

> 为股东查阅会计账簿有不正当目的，可能损害公司合法利益的，可以拒绝提供查阅，并应当自股东提出书面请求之日起十五日内书面答复股东并说明理由。公司拒绝提供查阅的，股东可以请求人民法院要求公司提供查阅。

三、创业期就需要做股权激励吗？

企业在任何时候都需要股权激励！

创业期企业一无资金，二无技术，三无品牌，拿什么吸引和留住人才？靠的就是股权激励。

"没有梧桐树，引不来金凤凰"！

当然，创业的股权激励，仅限于合伙人级别，既然不能保障现在，就要给予希望与未来！鼓励大家怀着共同的理想而奋斗。

但这里也需要注意的是，创业初期即使为了留住关键人才，也不要付出较大比例的股权，避免失去控制权。

也就是说，股权是稀缺资源，不可以"拍脑袋"分配股权。

四、股权激励是人人都要有的吗？

谬论！绝对的谬论！

我们在做一家公司股权规划项目时，一老板拍着胸脯说，要给公司所有员工进行股权激励，被我们直接给制止了。为什么？人人有就等于人人没有。股权激励，不是奖励，也不是福利，人人都激励，就成了"大锅饭"，也起不到激励的效果。所以不建议进行全员激励。

股权激励应该遵循宁缺毋滥的原则，对少数重点核心人才进行激励。

那哪些是核心人才呢？比如掌握技术、关键资源等的人可以算作核心人才。

公司核心人才一般包括高管（总经理、董秘、副总）、技术类核心人才（研发负责人、关键技术人员）、营销类人才（营销总监）……

公司在进行核心人才股权激励时，可以从岗位价值、个人能力、历史贡献等方面，对核心人才进行评估。不患寡而患不均，公司在确定核心人才时，也要尊重历史贡献，但更重要的是着眼未来！

五、公司拿出多少股权进行激励更合适？

很多老板做股权规划时，经常会问到：公司拿出多少股权来进行激励合适？

通常较为实用的方法是直接确定一个比例，根据企业自身特点、目前的规模或者估值、老板的胸怀、同行竞争对手的激励水平等因素，业界进行激励的股权比例一般为10%—30%，我们通常取15%这个中间值。

这个数值也不绝对，要考虑公司控制权、股权融资或者上市、预留股权激励池、激励方式等因素，结合公司实际情况，合理确定激励额度。

六、股权激励方案出来后就立刻给员工股权吗？

天下没有免费的午餐！没有考核的股权激励都是耍流氓！

换句话说，就是要经过努力才能获取股权激励！

一般要对激励对象设置考核条件，只有激励对象达到业绩考核要求，企业才能授予其股权，反之不授予。

建议公司设置考核条件时，从定量和定性两个方面考虑，分别设置权重。定量考核就是看财务指标，如收入、利润等。但如果在公司业绩评价过程中仅仅看这些财务指标，就免不了出现短期行为和弄虚作假，所以还需要考虑定性的非财务指标评价，比如客户满意度、内部测评等方面！

【友情提示】

考核指标一定不要太复杂！

七、股权激励要白送员工吗？

谬论！绝对的谬论！

做股权激励，原则上如果能让员工采用购买的方式则一定要用"买"。

"卖"比"送"好！我们来分析一下：

向员工收钱可以起到"考验"作用，如果员工对公司认可、有信心，也就是价值观一致，能和公司一起同甘共苦，那他肯定会出钱；反之如果不出钱，说明股权激励对他没有诱惑，不会起到好效果。

另外，员工出了钱，就会珍惜，也就会有主人翁的意识，公司好了，他才好，从而能够深度绑定。

其实很简单，如果将股权白送给员工，他会很感激你，但是也没有压力，时间长了，还认为是他应得的！

当然也有人说，作为激励对象，特别想参加股权激励，但是现在就是没钱怎么办？这种情况也有很多的方案可以解决，比如股权激励的资金可以分期支付，用绩效（奖金或者提成）留下一部分慢慢付，或者实在没钱，老板借给员工，收点利息，如果表现好，不用还了，也比一开始白送股权强！

八、都是自己人，员工股权激励需不需要签订协议？

如果我们的企业不想做大，凭江湖义气，可以不签协议。但是公司要长远发展，没有规矩不成方圆，就需要签订相关协议，比如股权激励协议、保密协议、竞业禁止协议等。

股权激励协议一定要约定退出机制，正常的退出情况比如退休、丧失劳动能力、离职、死亡、离婚等，非正常退出如犯罪或者给公司造成损失等情况。

当出现约定的退出条件时，员工就根据之前签订的股权激励协议，予以退出。

另外还要重视竞业禁止协议，因为股权激励的对象是核心人才，如果离职后去同行或者自己进行相关领域的创业，可能会对公司不利。那么可以约定，离职多少年内不得从事相关行业，当然也要因此给予一定的补偿。

好聚好散，各自为安！

九、股权激励必须一次到位吗？

有老板找到我们咨询股权架构规划，准备做X行业解决方案，有7个创始人。其中一个合伙人有资金级客户资源优势，也有成熟的制造业经验，另一个合伙人有技术优势，以技术出资，还有一个合伙人管理运营。

另外还有4个核心技术人员，其中1个人技术人员确定，3个人还不确定，是因为这3人目前在企业中层，30多岁，年薪几十万元左右。然而现在企业处于发展瓶颈，所以这几人在现有企业的往上发展空间不大，对公司前景也就信心不足。但是行业前景不错，因此他们内心举棋不定，犹豫不决。

老板打算注册公司的时候给这4个技术人员每人2%股权，并预留了7%的股权，我们分析了一下给出了如下建议：

（1）先实行"基础工资+项目奖金"的激励方式，说白了，也是对技术人员能力的一种检验方式。

（2）注册一家有限合伙企业作为持股平台，为4个核心技术人员设定行权条件，分3年行权出资，行权完毕后，通过增资扩股的形式进入运营公司。

这里需要考虑两点问题：一方面要观察激励人员的能力是否与岗位

相匹配；另一方面，一旦直接给予其2%的股权，且不说与贡献度是否匹配，直接给予了股权后，核心技术人员很有可能会失去奋斗的动力。

另外预留的7%的股权，是为未来持续招募人才预留的股权，进而促进公司可持续发展。

十、股权激励必须要在母公司做吗？

甲公司的老板张三与李四、王五约好，许诺等公司走上正轨后，赚钱了大家一起分，李四、王五拍手叫好。伴随着公司的发展，张三也兑现了诺言，对李四、王五及部分高管实施了股权激励。于是注册了一家有限合伙企业，张三做普通合伙人（GP），掌握控制权，李四、王五及部分高管做有限合伙人（LP），享受收益权（见图5-2）。

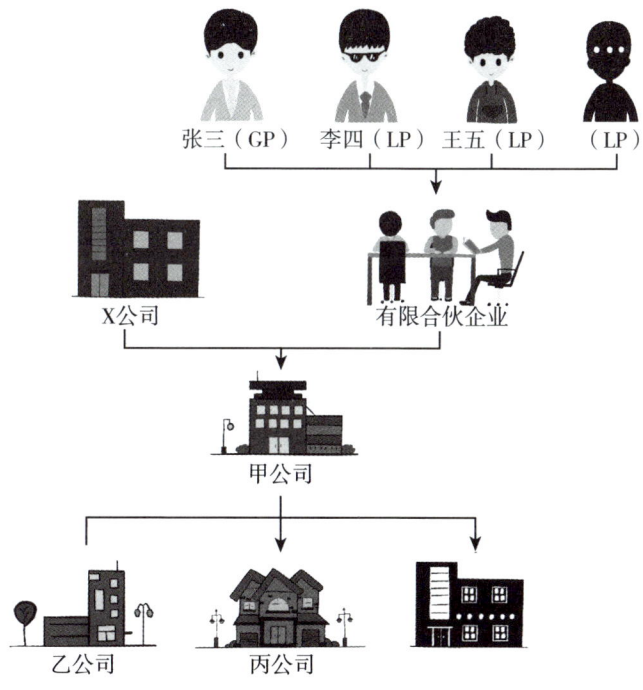

图5-2　股权激励如何安排

这里有几个细节需要交代一下：

（1）李四是乙公司的总经理，负责乙公司的整体运营；

（2）王五是丙公司的总经理，负责丙公司的整体运营；

（3）李四、王五在有限合伙企业里的占有的份额一样。

（4）甲公司还有一块1982年的地，虽然当时没花多少钱，但是现在价值1亿元。

经过一年的经营，年底终于准备进行分红，乙公司盈利1 000万元，李四预计自己能分得三五十万元。但丙公司今年效益不好，亏损了500万元，王五认为自己今年可能一分钱也拿不到了。

甲公司是两家公司的持股公司，不做业务，意即这一年甲公司、乙公司、丙公司整体盈利了500万元。老板张三决定用这500万元给各位股东分红，李四和王五各分得10万元。

李四对此心里十分不平衡，自己负责的乙公司盈利可观，但自己的分红却如此微薄。然而王五对此喜出望外，没想到自己还能分红10万元。

这个案例就是典型的"大锅饭"式做法。李四负责的业务发展良好，盈利可观，却分红微薄。王五负责的业务亏损严重却照样能拿到分红。如果李四因此而不满，准备退股，走之前需要分割甲公司持有的土地的收益，那对张三而言会造成很大的损失。

所以，前期可以在各人所经营公司的层面实施股权激励，即李四在乙公司层面，王五在丙公司层面，多赚多分，少赚少分，甚至不分，相对公平。另外也能够实现资产和经营分离，李四、王五不用打甲公司土地的主意了。

第六章
股权融资

一、公司缺钱就应该做股权融资吗？

大多数老板觉得，融资就是融钱，当企业缺钱的时候，就需要做股权融资，公司有钱就不需要做股权融资。这其实是一个误区，一方面，在资本市场，投资人考虑到企业缺钱说明其自身经营发展存在问题，投资人喜欢锦上添花，却不喜欢雪中送炭，公司存在问题，投资人斟酌后更可能会转身离去，不希望自己的钱打水漂。

另一方面，即使公司有钱，发展也不错，有时候也需要股权融资。因为股权融资除了能够给公司带来资金，还会有更大的好处，比如借助资本站台，扩大品牌影响力及提升公司价值；资本方也会给公司带来更多资源，比如供应商、客户等，当然资本方为了自身利益，也会推动公司规范化运作。

当然也要提醒的是，不是什么投资人的钱都可以拿的，一定要选择合适的投资方，比如需要考虑价值观是否一致、是否懂行、投资人性格与老板的匹配度等方面因素。

【总结】

公司需要根据战略规划及资金需求，选择恰当的融资时机，做到未雨绸缪，而不是饥不择食，不能等到公司缺钱了，再做股权融资。相反，在企业发展趋势好的时候做股权融资，成功概率更高。

二、股权融资必须按照 A 轮、B 轮、C 轮这样的顺序吗？

我们做股权规划时，与企业老板们交流过程中，经常有老板说，投资人要对他们进行 A 轮或者 B 轮融资。老板也蒙了，到底什么是 A 轮、B 轮融资？或者说股权融资分为哪几轮？

公司按照生命周期一般分为初创期、成长期、成熟期、衰退期，与之对应的融资轮次会有种子轮、天使轮、A 轮、B 轮、C 轮、IPO（Initial Public Offering，简称 IPO，首次公开发行）（见表 6-1）。

表 6-1　　　　　　　公司生命周期与融资轮次

投资人类型	投资阶段	商业模式	融资金额	投资用途	投资人类型
种子轮	初创期	有创意无产品	量小	搭建团队	天使投资
天使轮	初创期	有产品+部分核心用户	量小	改进产品+积累用户	天使投资
A 轮	成长期	成熟产品+成熟盈利模式	1 000 万元—1 亿元	资金流	VC（Venture Capital）
B 轮	成长期	盈利+商业模式成熟	2 亿元	新业务+新领域	VC/PE
C 轮……	成熟期	非常成熟	10 亿元以上	准备上市	PE（Private Equity）
IPO	成熟期	非常成熟	10 亿元以上	募投项目	公众投资者

【总结】

一般情况下，创业企业融资可以分为以下几个阶段。

种子轮或天使轮融资：投资人"看人下菜"，创业者基本靠的是"刷脸"以及给投资人"画大饼"，融资金额较少；

A 轮融资：商业模式经过验证可行，行业内拥有一定地位和口碑，风投（VC）开始介入；

> B轮融资：公司开始盈利了，要继续烧钱，争取烧出护城河，或者推出新业务、新领域，会吸引风投（VC）和私募股权投资机构（PE）加入。
>
> C轮：商业模式非常成熟，业绩好的直接IPO（上市），达不到上市条件的，继续进行后续融资。
>
> IPO：公司向公众发行股票进行融资，投资人可能要套现。

天使投资，是指具有一定净财富的个人或机构，对新兴的、有巨大发展潜力的种子期企业或初创期企业进行的权益资本投资，以期分享企业高成长带来的长期资本增值，是企业的第一批投资。天使投资目前基本集中在种子期和初创期两个阶段。

风险投资（VC）简称风投，又译称为创业投资，主要是指向初创企业提供资金支持并取得该公司股份的一种融资方式。风险投资是私人股权投资的一种形式。风险投资公司为专业的投资公司，由一群具有科技及财务相关知识与经验的人所组合而成，经由直接投资获取投资公司股权的方式，提供资金给需要资金者（被投资公司）。风投公司的资金大多用于投资新创企业或是未上市企业（虽然现今法规上已大幅放宽资金用途），并不以经营被投资公司为目的，仅是提供资金及专业上的知识与经验，以协助被投资公司获取更大的利润为目的，所以是一项追求长期利润的高风险高报酬事业。

私募股权投资（PE），是指向具有高成长性的非上市企业进行股权投资，并提供相应的管理和其他增值服务，以期通过IPO或者其他方式退出，实现资本增值的资本运作的过程。私募投资者的兴趣不在于取得分红和经营被投资企业，而在于最后从企业退出并实现投资收益。

IPO即为首次公开募股（Initial Public Offering），也就是"上市"。一般来说，一旦首次公开上市完成后，这家公司就可以申请到证券交易所或报价系统挂牌交易。

三、注册资本越大，估值就越高吗？

谬论！绝对的谬论！

公司的价值与注册资本无关。注册资本实际上指的是公司的股东愿意以多少财产来承担公司的责任。

公司估值说白了，就是公司值多少钱。一般情况下，公司融资或者卖掉公司的时候，就需要对公司估值。公司估值有很多种方法，投资界使用范围最广就是用市盈率估值法，我们举个例子来看一下：

假设一家公司预测期或者对赌平均净利润为2 000万元，行业可比市盈率或者投资人给出的市盈率为15，那么这家公司的估值就是2 000万元×15=3亿元。

友情提示：PE投资人给出的市盈率一般是10—15倍。

如此看来，这种估值方法下，跟注册资本有关系吗？

四、公司估值5 000万元，增资扩股释放10%股权，投资人应该出500万元吗？

投资人看好你的公司，准备投资。公司估值5 000万元，你释放10%股权，采用增资扩股方式，投资人需要出多少钱？500万元吗？不一定，这里有个概念要搞明白，即融资前估值与融资后估值。

融资前估值（Pre-Money Valuation）：投资者投资前股权价值。

融资后估值（Post-Money Valuation）：投资者投资后股权价值。

假设5 000万元是融资前估值，我们假设投资人出的钱为X万元，接下来列个一元一次方程：

X÷（5 000+X）=10%

通过解方程，X=555.55。

也就是投资人需要出资555.55万元，而不是500万元。

【备注】

投资金额÷（投前估值+投资金额）=比例

五、股权融资1亿元需要增加注册资本吗？

前一段时间有位老板曾经找我们做过股权架构规划，这次找我们复盘方案。最近其公司要进行A轮融资，通过增资扩股的方式释放10%的股权，根据估值测算，资方需要出1亿元资金，公司注册资本3 000万元。老板对此不解，收到这1亿元应该如何处理？都计入注册资本吗？那岂不是控制权没了？

非也，非也，我们来看一下如何处理。

首先计算计入注册资本的金额，假设为X万元，我们列个一元一次方程：X÷（3 000+X）=10%，通过计算，X≈333.33，也就是说1亿元中的333.33万元计入注册资本。

其次，1亿元的资金扣除计入注册资本的333.33万元，剩余的9 666.67万元计入资本公积——资本溢价。

附录：公司章程可以约定的23个事项

1.章程可以约定"法定代表人"的人选

《公司法》第十三条，公司法定代表人依照公司章程的规定，由董事长、执行董事或者经理担任，并依法登记。

2.章程可以约定"对外投资和担保"及限额

《公司法》第十六条，公司向其他企业投资或者为他人提供担保，依照公司章程的规定，由董事会或者股东会、股东大会决议；公司章程对投资或者担保的总额及单项投资或者担保的数额有限额规定的，不得超过规定的限额。

3.章程可以约定"注册资本出资时间"

《公司法》第二十五条，有限责任公司章程应当载明下列事项：

......

（五）股东的出资方式、出资额和出资时间。

4.章程可以约定"分红比例与出资比例不一致"

《公司法》第三十四条，股东按照实缴的出资比例分取红利；……但是，全体股东约定不按照出资比例分取红利……的除外。

5.章程可以约定"不按出资比例优先认缴出资"

《公司法》第三十四条，公司新增资本时，股东有权优先按照实缴的出资比例认缴出资。但是，全体股东约定……不按照出资比例优先认缴出资的除外。

6. 章程可以约定"股东持股比例可与出资比例不一致"

最高人民法院曾以（2011）民提字第6号判决书，对深圳市启迪信息技术有限公司与郑州国华投资有限公司等公司股权确认纠纷案进行判决。该案例被最高人民法院公报收录，该案裁判摘要：在公司注册资本符合法定要求的情况下，各股东的实际出资数额和持有股权比例应属于公司股东意思自治的范畴。股东持有股权的比例一般与其实际出资比例一致，但有限责任公司的全体股东内部也可以约定不按实际出资比例持有股权，这样的约定并不影响公司资本对公司债权担保等对外基本功能实现。如该约定是各方当事人的真实意思表示，且未损害他人的利益，不违反法律和行政法规的规定，应属有效，股东按照约定持有的股权应当受到法律的保护。

7. 章程可以约定"表决权可与出资比例不一致"

《公司法》第四十二条，股东会会议由股东按照出资比例行使表决权；但是，公司章程另有规定的除外。

8. 章程可以约定"剥夺股权转让时其他股东的同意权"

《公司法》第七十一条，有限责任公司的股东之间可以相互转让其全部或者部分股权。股东向股东以外的人转让股权，应当经其他股东过半数同意。股东应就其股权转让事项书面通知其他股东征求同意，其他股东自接到书面通知之日起满三十日未答复的，视为同意转让。其他股东半数以上不同意转让的，不同意的股东应当购买该转让的股权；不购买的，视为同意转让。

公司章程对股权转让另有规定的，从其规定。

9. 章程可以约定"限制股权转让时其他股东的优先认购权"

《公司法》第七十一条，经股东同意转让的股权，在同等条件下，其他股东有优先购买权。两个以上股东主张行使优先购买权的，协商确定各自的购买比例；协商不成的，按照转让时各自的出资比例行使优先购买权。公司章程对股权转让另有规定的，从其规定。

10. 章程可以约定"排除股东资格的继承"

《公司法》第七十五条，自然人股东死亡后，其合法继承人可以继承股东资格；但是，公司章程另有规定的除外。

11. 章程可以约定"书面形式行使股东会职权"

《公司法》第三十七条，股东会行使下列职权：（一）决定公司的经营方针和投资计划……（十一）公司章程规定的其他职权。对前款所列事项股东以书面形式一致表示同意的，可以不召开股东会会议，直接作出决定，并由全体股东在决定文件上签名、盖章。

12. 章程可以约定"召开股东会定期会议的期限"

《公司法》第三十九条，股东会会议分为定期会议和临时会议。定期会议应当依照公司章程的规定按时召开。

13. 章程可以约定"召开股东会会议的通知期限"

《公司法》第四十一条，召开股东会会议，应当于会议召开十五日前通知全体股东；但是，公司章程另有规定或者全体股东另有约定的除外。

14. 章程可以约定"股东会的议事方式和表决程序"

《公司法》第四十三条，股东会的议事方式和表决程序，除本法有规定的外，由公司章程规定。

15.章程可以约定"董事长和副董事长的产生办法"

《公司法》第四十四条，董事会设董事长一人，可以设置副董事长。董事长、副董事长的产生办法由公司章程规定。

16.章程可以约定"董事会的议事方式和表决程序"

《公司法》第四十八条，董事会的议事方式和表决程序，除本法有规定的外，由公司章程规定。

17.章程可以约定"执行董事的职权"

《公司法》第五十条，股东人数较少或者规模较小的有限责任公司，可以设一名执行董事，不设董事会。执行董事可以兼任公司经理。执行董事的职权由公司章程规定。

18.章程可以约定"董事会任期"

《公司法》第四十五条，董事任期由公司章程规定，但每届任期不得超过三年。董事任期届满，连选可以连任。

19.章程可以约定"监事任期"

《公司法》第五十二条，监事的任期每届为三年。监事任期届满，连选可以连任。

20.章程可以约定"董事会职权"

《公司法》第四十六条，董事会对股东会负责，行使下列职权：
（一）召集股东会会议，并向股东会报告工作；
……

（十一）公司章程规定的其他职权。

21. 章程可以约定"经理的职权"

《公司法》第四十九条，有限责任公司可以设经理，由董事会决定聘任或者解聘。经理对董事会负责，行使下列职权：

（一）主持公司的生产经营管理工作，组织实施董事会决议；

……

（八）董事会授予的其他职权。

公司章程对经理职权另有规定的，从其规定。

22. 章程可以约定"执行董事的职权"

《公司法》第五十条，股东人数较少或者规模较小的有限责任公司，可以设一名执行董事，不设董事会。执行董事可以兼任公司经理。

执行董事的职权由公司章程规定。

23. 章程可以约定"监事会/监事及职权"

《公司法》第五十一条，有限责任公司设监事会，其成员不得少于三人。股东人数较少或者规模较小的有限责任公司，可以设一至二名监事，不设监事会。

《公司法》第五十三条，监事会、不设监事会的公司的监事行使下列职权：

（一）检查公司财务；

……

（七）公司章程规定的其他职权。